JN440337

진 실

이 종 오

수필이 있는 시집

한국신춘문예협회

"진 실"

초판인쇄 2018년 12월 21일
초판발행 2018년 12월 27일

지은이 이 종 오
펴낸이 엄 원 지 (엄 대 진)
펴낸곳 한국신춘문예협회

등록번호 제301-2012-158호
등록일 2012. 7. 24
ISBN 978-89-98104-13-9 (03810)
책 값 15,000원
주 소 서울시 영등포구 국회대로 70길 15-1 (여의도동 극동 VIP빌딩 905호)
대표전화 02-761-2444
F A X 02-761-2443
본 도서의 판매수익금 일부는 본 협회에서 추진하는 문화예술제의 진흥기금으로 사용됩니다.

진 실

이 종 오

수필이 있는 시집

한국신춘문예협회

* * * * * *

작가 단상

우주와 자연은 사상이나 이념이 없다.
오직, 생각할 뿐이다.

서로가 아낀다는
그 진실로 가치를 부여하고 있다.

폭력과 속임이 없고 다름을 인정하는 것이야 말로 상생의 기저이며 그것은 곧 자유로움의 시작일 것이다.

인간은 그런 고결함에 미흡하다.

그러면서 평화를 부르짖는다.
'만물의 영장' 이란 깃발 아래.

2018년 초겨울 서재에서
저자 도하 이종오

차 례

제1장

시

제2장

수필

제1장

시

진실

나와 같은 건 없다.

바이오리듬,
정서적 성향과 생각,
그리고 또 다른 그 무엇이라도

아주 가끔 비슷할 뿐.

날마다 모든 게 새롭게 펼쳐진다.

달라진 물리적 환경,
시작되는 시간과 공간,
너를 비롯해 마주하는 유기체는

모두가 처음일 뿐.

하지만 나는,

동일함을 기대한다.
같음에서 행복함을 찾으려 한다.
모두가 처음이 아니라고 우긴다.

그렇게 주변을 맴돌기만 한다.
평생토록.

지적재산권

내 것도 아닌 것을 내 것이라고 우긴다.

남이 이뤄놓은 것에 조금 벤치마킹해서
내 것인 양 호들갑이다.

한글을 누가 만들었나?
로마자는 누가 만들었나?
아라비아 숫자는 어디서 나왔나?
글자나 기호는 그 누가 만들었는가?

처음부터 내 것이 아닌 것을 내 것이라고 우긴다.

내가 발견한 원리나 제품도,
내가 쓴 글도
그것으로 편하게 살고 위로 받으면 그게 순리 아닌
가?

과학자, 문학자, 의학자
모두가 자기 거라고 우긴다.

태초에 인간의 소유는
아무것도 없었음에도 우긴다.

사람에게 그럴 권리는 없다.

그런 권리도 주어지지 않았었다.

2014 대한민국

해방 69년.

억압의 족쇄가 풀린 지 그렇게 69년.
바닥에서 시작한 나라.

2,000번 실패했던 에디슨도 1번의 성공으로 신화가 됐지만,
1번의 실패로 곤두박질치는 신세.

제1공화국에서 제5공화국까지 몰라서 선택한 것도 아니요.
5.16 군사정권이 무서워서 견딘 것도 아니고,
12.12 군사 반란을 용인해서 지나온 것도 아니다.

다만, 1번의 실패가 모두를 불행의 늪 속으로 빠뜨릴까를 염려했던 것이다.

그래서
뭔가는 숨기고 싶었던 것이고,
기적을 알리고 싶었던 것뿐이다.

‘2014의 대한민국은 해방 70년을 앞두고 정점에 있다.

이제는 1번의 실패를 두려워할 때가 지나고 있다.

원칙과 기준으로
1번 실패에 대한 두려움 보다는
1번 성공의 영광을 써야할 때다.

불명예는 명예에 대한 과정일 뿐.

‘2014 대한민국.
아무것도 없는 바닥에서 그 처절함을 견디고 일어 선 나라.
침략과 노략으로 탈취하지 않았기에 너무도 힘겹고 어려웠다.
우리는 독버섯의 예쁜 탈취와 착취의 잊을 수 없는 달콤함의 맛은 모르지만,
고난과 역경을 제 몸으로 받아들여 노력한 결과의 기쁨과 그 열매의 맛을 아는 나라다.

대한민국은 어렵고 힘든 나라의 처지를 스스로처럼 알고 있기에 더불어 손을 잡을 수 있는 대국이다.

척박함에서 풍요로움과 옥토를 가꿀 줄 아는 지혜와 용기의 나라다.

'2014 대한민국은 전 세계 모든 나라를 가슴에 품을 수 있고,
또한 가슴에 품어 공존공영의 홍익정신을 평생 실천하는 하나 밖에 없는 나라.

2014 대한민국이 일어선다.

가을 나무

'천고마비' 하여
지방을 쌓고, 채우고
살을 찌우고 불린다.

그것으로 게을러지며
숨어 버틴다.

너는 오히려 줄이며 뺀다.

그것이 사랑함이 되어
붉은 색, 노란 색 고운 단풍으로
생명의 아름다운 그림이 된다.

노화되어 메말라 가면서도
그처럼 보기 좋은 건

사랑함이었기 때문이리라.

가지치기

나무는 스스로 자기를 친다.

바람과 태풍의 도움을 받고
가뭄의 도움을 받기도 하고
홍수로 그렇게 도움을 받기도 하면서

나무는 스스로 자기를 친다.

그렇게 순리대로 물러날 줄 안다.

생존을 위해 자기를 쳐 간다.
잎을 치고,
가지를 치고,
줄기를 치고

자기를 쳐 가는 만치 강인해 진다.

자기를 쳐 가야만 살아날 수 있다.

무한의 욕심으로
죽음도 인정하지 않는 인간의 무지.

자기를 치지도 못하는
그 무지스러움으로
가지를 치는 건 무슨 연유인가?

무지로 나무를 쳐 죽인다.

겨울 무창포 사색 1

살아 있는 건 소리가 있다.

슬픔의 소리
기쁨의 소리
울부짖는 소리
웃음소리

관계가 있는 건 소리가 있다.

파도 소리
바람 소리
빗소리

그래서
심장이 멎고
삼투압이 제로가 되어도
소리는 듣는 거다.

두려움의 소리
멀어져 가는 소리

사랑하는 사람의 발자국 소리와
그 사람의 음성이
가슴에 박혀 지는 건

그렇게
살아 있어서
관계 맺고 있기 때문인 거다.

겨울 무창포 사색 2

청자 빛 고운 물결이 다가 온다.
겨울 무창포엔
가마솥 뜨거운 불에 태워지고 삭혀져
불순물이 없어진
투명한 청자 빛이 보인다.

오래 전 새까맣게만 보여 졌던 무창포.
정염에 타오르기만 했던 바닷가.

그 까만빛이 청자 빛으로 바뀌어 보이는 건
무엇이 바뀐 까닭인가?

갈매기도 날개를 접고 청자 빛 파도를
그윽하게 바라본다.

나는 이제 남은 인생에서

무엇을 바라보고 지내야 할까?

계절 내음

봄에는 파릇한 내음이
살랑살랑 부는 바람을 타고 온다.

여름에는 끈적한 내음이
분주한 소리를 타고 온다.

가을에는 향긋한 내음이
망설이는 시간을 타고 온다.

겨울에는 순결한 내음이
북쪽 칼바람 속에서 일어난다.

산 계절은 어느 때나
그런 내음을 뿜어낸다.

나는 내음이 있을까?
어떤 내음일까?

나무와 낙엽

양식은 녹록하지 않고
추위가 점점 심해져

사람들은 장작을 쌓아 놓고, 음식을 예비한다.
짐승들은 배 불리며 지방을 쌓고 굴속을 찾는다.

쌓아놓을 곳도, 숨을 곳도 없는 나무와 낙엽.

한 잎 떨어지고
두 잎, 세 잎이 떠나간다.

가난한 형제들이 그러하듯이
옹기종기 모여 서로 기대며 달랜다.

맥없는 가지 끝을 쳐다보기도 하고,
땅 밑 뿌리의 소리도 들어 본다.

뿌리는 잘 있는지,
가지는 춥지 않은지
한번 씩 돌아가며 염려하면서
매서운 바람이 불어도 자리를 놓지 않는다.

나무와 낙엽은
서로에게 의지하는 가족이구나.

낙엽 밭

고구마 밭에는 고구마가 심겨져 캔다.
과수원에는 과일 나무가 심겨져 열매 맺는다.

붉은 낙엽이 떨어져 붉은 낙엽 밭이 만들어 지고
노란 낙엽이 떨어져 노란 낙엽 밭을 만든다.

바람이 불어오면 낙엽은 더 납작해져서
적당히 흩어진다.

낙엽이 주야장창 떨어져
밭도 물들이고, 과수원도 그렇게 된다.

낙엽 밭에서 사랑을 캐고, 문학을 캐며
인생을 캔다.

눈이 내리면 지하 동굴이 되고,
비가 내리면 우산이 되고

맑은 때면 시원한 천막이 된다.

낙엽 밭에서 추억을 따고, 그리움을 따고
생명을 딴다.

가을 낙엽 밭에서 그렇게 캐고 또 딴다.

명예퇴직 예찬

32년 간 외로움을 독서로 달래 왔다.
쓸쓸해서 결혼을 했고 자식을 얻었다.

때를 아는 게 순리다.

순리를 따르는 자가 결국은 행복을 거머쥔다.

봄이 여름에게 때에 따라 양보하는 것처럼,
계절이 물러섬으로 이어지는 아름다움을 창출하는 것처럼,
밤과 낮의 영원한 순환도

명예로운 물러섬이 있기 때문이다.

수십 년 간의 독서는 시인과 수필가라는 작가를 창출했고
쓸쓸함을 채우고자 했던 결혼으로 사랑함을 배웠다.

변화된 건 육체 뿐.

숯처럼 검고 굵은 머리칼이 황폐하게 되었고,
평온해 보이던 얼굴은 날카로움을 지녔다.

나는 이제 혼자 사는 법을 체득했고,
결국은 혼자인 걸 안다.

재직기간 동안.
학생들의 사랑을 한없이 받았고,
성경을 알게 되었으며,
죽음을 받아들일 줄 아는 지혜를 얻었다.

내 스스로가 결정한 명예퇴직.

나는 떠날 때가 되어서 떠나는 것뿐이다.

죽음이 오는 것도 본인만 아는 것처럼.

명퇴(名退)

약관에 기지바지 콤비 걸치고
아무런 계획 없이 시작했다.

아내를 만나 자식 낳고
연유와 까닭 있는
삶의 연민 두루 거쳐

32년 지내왔다.

지천명 후반에 들어 선 지금,
여생을 정리하고자

출퇴근의 팽팽한 긴장을 놓는다.

계획 없이 시작한 일이
매듭지어지는 것처럼
또 다시

아무 생각 없이
삶의 후반을 정리하려

너를 찾는다.

계획이 없었기에
당당하게 의무를 행했고

평형을 유지하며 지금에 있다.

생각도 없이 너를 동반하여 가련다.

아무런 생각을 하지 말아야
넓고 깊게 볼 수 있다는 것을

이제야 알게 되었다.

계획과 생각이 얼마나 어리석고
부질없는 짐인지

분명히 알아가면서 인생을 정리하고

나를 정리하련다.

넘어진 모과나무

향도 좋고 크기도 좋은 열매 맺기를 수십 회.

나는 그토록 열심히 살아 왔다.

그러니까 작년, 태풍이 심히 불 때
내 몸의 균형이 어긋나는가, 싶더니
그만 뿌리 채 뽑혀 넉 다운 됐다.

땅으로 내 동댕이쳐진 내 육신.

뿌리에 뿌리를 뻗어
연일 기초 다지기를 쉼없이 해야만 했었는데
열매 맺는 일에 더 열정을 쏟았는가 보다.

겨우 일으켜 세워져 독립하려는 내가 서글프다.
비대한 몸집을 다스리느라 피륙이 가까워진다.

그래도 가지에서는 잎이 돋는구나.
다시 시작하는 내가 깊이 생각해야 할 건,
처음 마음으로 뿌리에 뿌리를 뻗어 내실을 기하는 거다.

열매 맺길 수십 회.
늙어 넘어진 건 아니다.

삶의 가치를 올 곧게 두지 않았음이었다.

분명히 어떻게 살아야 하는지를 배우기 위해 넘어진 거다.

무궁화

돋은 새순에서
여명을 맞이하는
'안여순화' 의 아름다움이여!

한여름 뙤약볕을
꿋꿋이 받아내는
샤론의 장미여!

그 모습으로
대한민국과 함께하는
지고지순의 순결함이여!

네가 은근과 끈기로
새순을 만들고 꽃을 피우는 것처럼

대한민국이 여명을 밝힌다.

무료함(無聊)

잠잔다.
뒤숭숭한 꿈을 꿀 때까지,
배고파서 일어날 수밖에 없을 때 까지.

자다가 깬다.

핸드폰 만지작댄다.
여기저기, 아는 곳, 모르는 곳,
여행지도 살피 듯.

배터리가 떨어진다.

섹스 한다.
이런 폼으로 하고, 저런 느낌으로 하고,
별미를 찾는 노인처럼.

탈진해서 멀리한다.
술 마신다.
소주, 막걸리, 맥주, 양주, 고량주.

종류를 가릴 것 없이
있는 술, 없는 술.

과음과 숙취로 술을 보기는커녕 생각도 싫다.

지인 만난다.
이 사람, 저 사람.
이 얘기, 저 얘기.
모두 자신의 입장에서 자신의 얘기를 한다.

들어 주기에 지쳐 혼자 있다.

여행한다.
걷기도 하고, 배도 타고
비행기도 타고, 자전거도 탄다.
바다에 있다가, 사막에도 갔다가, 산에도 갔다가 들판에도 가 본다.

거기가 거기다.

사는 게 무료하다.
모두 지루한 것일 뿐.

죽는 것도 사는 게다.

사는 것도 죽는 게다.

민들레

평형을 유지하는 네 홀씨들이
마치 우주의 형상과 같구나.

낙하산을 타고 적진을 누비는
그린베레 용사들처럼,
저 높은 산에서 패러글라이딩으로
들판을 누비는 그들처럼

홀씨마다 낙하산을 펼치며 세상을 누빈다.

우산 끝과 끝이 서로 만나
진원을 이루는 네 모습에서
더불어 사는 공생,
기대어 사는 상생을 배운다.

완벽한 조화.

한 치의 오차 없는 원심력과 구심력.
그렇게 평형을 이루는 네 모습에서
신의 공평함을 본다.

평형을 유지하는 인격.
중도의 가치를 보여주는 인품.

바람에 날리어 자유롭게 비행하는
네게로부터
삶의 가치와 철학을 배운다.

벽

보이기도 하고
보이지 않기도 하는 실존

다름을 알게 되는 경계.

투쟁과 타협의 공통분모.
겨울과 봄의 수용선.

하양과 까망의 회색지대.
참과 거짓의 모순지대
의무와 책임의 불투명

사실과 허구의 수렴.

네가 있기에 숫자가 탄생했고,
　　　　과학이 존재했으며,
　　　　의학이 살아 있다…….

파멸과 생성의 본질,
새로움의 시작.

뚫어야할 것도 아니요,
없애야할 대상도 아니다.

공존을 위해 있어야 하고
상생을 위해 남겨져야 한다.

너는 또 하나의 나.

봄날 한 때

잠 깬 갓난아이 눈망울처럼
봄 날 햇살이 빠끔히

창가에서 들여다본다.

그러다가
한가로이 정신을 놓고 있는

내 영혼과 마주쳤다.

아하,
참으로 행복이란 게 이런 거구나.

놓여 있는 실체,
고개만 돌리면 금새보이는 게
행복인 것을…….

왜, 그토록 쫓아만 다녔을까?
하 세월 인생을 허비해도

볼 수 없었던 그 놈의 행복.

한가로이 내려놓고 있는
내 마음에 행복이 스며든다.

봄 날 한 때에.

봄

산수유가 피는 듯하더니
진달래 피고 벚꽃 핀다.
그러더니 이내,
바람 불고 비와서

꽃잎을 허공에 날려 보낸다.

바람도
차가웠다가 세게 불다가
조용하다가…….
도체 종잡을 수 없다.

오락가락.

생명이 싹 틀 때가,
사랑이 시작될 때가,
그리고 삶이 그런 건가 보다.

예측되지 않는 모든 일들.

그러면서 또 하나가 시작된다.

시작은 그래서 견잡을 수 없는 건가 보다.

봅니다

당신의 숨결을 봅니다.
　　아름다움을 봅니다.
　　헤아림을 봅니다.

당신의 시간이 보입니다.
　　슬픔이 보입니다.
　　망설임이 보입니다.

그처럼 보이고 보입니다.

당신의 흔적 속에 떠다니는

내가 보이고 보입니다.

사형수(死刑囚)

나는 잘못이 없다.
생각대로 행동했다.
계획을 짤 때도 있지만,

대부분은 그 때의 생각대로 행동했을 뿐이다.

나는 잘못한 게 없다.
내가 용서를 바란 건 아니지만

하나님도 받아 주시고 용서 해 주셨거든.

나는 잘못하지 않았다.
내가 고통 받은 것을 조금씩 나눴을 뿐이다.

나는 잘못이 없다.
내가 당한 괴로움을 나눠줬고,

이유 없이 사람을 죽였을 뿐이다.

나는 잘못하지 않았다.
그래서
다음에 또 그 때가 오면

그렇게 나눠줄 거다.

세계지도

오대양, 육대주.

지도 속의 난,
티끌보다 작아 보이지 않는다.

티끌이야 흔적이라도 있지.

다들 어디서 무엇을 하는지,
같은 시각 다른 장소
별 일이 모두 벌어졌다가
또 사그라든다.

순간에 하루가 시작됐다가 없어진다.

시작과 끝,
태어남과 죽음이 중첩된다.

그렇게 상대적 최극이 공존하는 곳.

무엇을 탓하고
무엇에 즐거워하리.

사막의 모래알
미풍에 흩날리는 티끌.

그 보다도 더 작고 보잘 것 없는 무능력한 인생.

슬픔도 사치, 짜증도 사치.

지금을 지금으로 대하지 않는 모든 건 사치요.
과소비와 과욕일 뿐.

세계지도 속의 난,
있지도 않고 없지도 않다.

보이지도 않고 흔적도 없다.

수학여행 참사(2014.04.16. 세월호 침몰)

들 뜬 기분에 잠이 오지 않았다.
빈곤한 살림에서도 쌈지 돈을 꼬옥 쥐어 주던
할아버지, 할머니, 아버지, 어머니 그리고 친척 분들…….

핸드폰 충전도 가득했고, 여분으로 배터리 챙기고 따로
또 충전기도 배낭에 넣었다.

새로 산 신발과 셔츠가 은근히 폼 나 보인다.

밤 새 그런 마음으로 친구들과 어울릴 생각만이 가득 찼다.

제주도 가면 사진을 어떻게 몇 장이나 찍을 건가,
생각에 생각을 거듭하면서 거울을 보며 표정 연습도
하느라

밤을 허옇게 지나쳤다.

안개는 조금 끼었다곤 하지만 내가 탈 배는
크기도 좋고 모양도 있는 큰 여객선이다.
무슨 걱정이랴…….
인천을 벗어나면서 배 위의 경치는 보기도 좋았다.
친구들과 안팎을 들락 이느라 시간이 있는지 없는지도 몰랐다.

아침을 먹고, 이제 두어 시간 지나면 제주에 도착한다.
창밖의 날씨는 화창하고 좋아서 마냥 한가히 있을 때…….

배가 흔들리면서 짐이 떨어진다.
친구들과 방송에 나오는 대로 구명조끼를 입고 기다리는데
바닷물이 들어온다.

이상해서 집으로, 선생님께 그리고 지인들에게 메시지를 보내고
카톡도 보내 본다.

그런데 물이 너무 가파르게 들어온다.

바닥이 벽이 되고, 천정이 되어 도대체 잡을 것이 없다.
잡히는 것이 없다. 아무 것도…….

친구들의 울부짖음, 허공에 맴도는 내 손가락.

물을 삼키려는 마음도 없는데, 자꾸 짠물이 들이켜진다.
생각도 없어진다.

죽는 건 아직 생각해 보지 않았는데,
사는 게 뭔지 여태 생각해 본 적 없는데,
아직, 뭐가 뭔지도 잘 모르는데,

내가 처한 이건 뭐지?
…….

이렇게 나는 모든 것과 이별 됐다.

어처구니없이 헤어지게 되었다.

스무 살 연가

태양의 서글픔도 몰랐다.
달의 처연함도 몰랐으면서

세상을 바꾸려고 목숨 걸었다.

봄의 고독,
여름의 서러움,
가을의 빈곤,
겨울의 다사로움도 몰랐으면서

세상을 변혁하려고 목숨 걸었다.

생각해 보면
모두 다 부질없다는 것도 모른 채

청춘을 불살랐던 그 때.

젊음은 꺼져가는 한 낱 불꽃인 것을…….
무엇을 태우려고 그랬는지,
태울 여력도 없으면서…….

세상은 여전한 것을.

스무고개 묻고 답하면
답이 나올 줄 알았나 보다.

허탄했던 그 스무고개.

서글픔

헤아려 주지도 않는 관계가 이어질 때

빈곤과 외로움으로 장수하게 될 때

원망스러움이 용서되지 않고 있을 때

멸시와 모멸을 받으며 살아야할 때

무능력할 때

너무 많은 것을 생각해야만 할 때

냉정할 수 없을 때

때에 따라 뭐가 되지 않고 있을 때

여자로서 아이를 못 가질 때

아가페

멈추지 않는다.
가르침을.

역경 속에서도,
모순의 연속에서도,
불합리 판에서도

멈추지 않는다.

흔들리지 않는다.
신뢰와 인정함을.

실수할 때라도,
넘어질 때라도,
그 어떠할 때라도

흔들리지 않는다.

언제나 일관된다.
지켜봄이.

쉬고 있을 때에도,
생각할 때에도,
슬플 때나 기쁠 때에도

언제나 일관 된다.

너의 본질은 X.

아름다움

변화하지 않는 거다.

그대로의 모습으로
그 자리에 있기에

아름다움으로 불리워진다.

화려하게 보이는 꽃은
화려함 뒤에 추함을 보인다.

수수하게 보이는 풀은
화려하게 치장하진 않지만
싹이 돋을 때나,
한창 기운이 솟을 때나
추운 겨울을 지나고 견딜 때도
결코 추함을 보이지 않는다.

아름다움이다.
그대로의 멋으로
그 자리에서 그렇게 있기에
우린 아름다움이라 일컫는다.

나도 아름답고 싶다.

아버지의 묘

아무 유언 없이
조용히 세상을 버린
아버지

어떤 이는 묘와 비석
수목장, 납골당…….

아버지는 아무 바람 없으셨다.

본시 흙으로 왔던 몸.

아버지 육신이 태워져 분골이 되고
그것은 흙 속으로 갔다.

유언도 없고
남긴 것도 없이 세상을 등진
육신의 아버지.

아버지의 묘는 내 마음에 있고,
　　비석은 내 얼굴에 있다.

그렇게 흔적 없이
다른 세상으로 가신

아버지가 한없이 부럽다.

요세미티 폭포

머얼리 네바다 주를 지나
벼랑 끝에 선 나.

돌이킬 수 없는 여정과 시간이기에
망설임 없이 저 끝을 향해

나를 던진다.

산산이 부서져야만
얻어지는 또 하나의 실존.

바스러져 처음 것이 소멸되어야
얻어지는 다른 세계.

벼랑 끝에 선
폭포의 물방울은 그렇게
미지의 세계를 알기위해

지금도 부서지고 또 바스러진다.

부서지고 바스러지지 않으면
얻어지는 건 없기에.

음식쓰레기

동네마다 냄새가 다르다.
집집마다 역시 다르다.

일터마다 다르고,
나라마다 또 다르다.

한가지로 부패할 때 보다
여러 가지 섞여 있을 때는
더욱 역겹다.

바람이 불어 그 영향력이 커지는 만치
많은 유기체들이 역겨움이 시달린다.

그 역겨움으로 죽어가는 유기체도 있다.

지식이 많은 사람이 부패할 때도 그와 같다.

이사

생각을 바꿀 일이 없는 사람이 행복하지 않은 것처럼,

이사하는 건 생각을 바꾸는 행복과 같다.

때를 벗기지 않고,
목욕하지 않는 사람이 껄적지근함에서 헤어나지 못하는 것처럼,

이사하는 건 목욕하는 상쾌함과 같다.

버리지 못하는 사람이 아집에 갇혀 지내는 것처럼,

이사하는 건 버림의 자유를 만끽함과 같다.

여행을 해 보지 않은 사람이 공간이동의 신비감을 느끼지 못하는 것처럼,

이사하는 건 여행으로의 신비로움을 느낌과 같다.
이사하는 건,
체지방을 줄여 다이어트 하는 거.
자신을 돌아보고 정리하는 거.
필요함을 절실히 깨닫는 거.

잊었던 추억을 되살리는 거.

어떤 공무원

그다지 힘들지도 않은 일을 하면서
국가를 위해 헌신했다고 한다.

어린 학생도 할 수 있는 단순한 업무를
처리하면서 공연히 텃새를 부린다.

글자 몇 개 안다고
배우지 못한 사람들의 마음을 착취하고
고급 정보를 선취하여 부정축재하기도 한다.

국민들의 알 권리에 나서지 않고
정치권력에 시녀노릇을 하면서 제 밥줄에 연연한다.

대한민국이 잘 사는 게 너희 때문인가?

베트남 전쟁에서 목숨을 걸었던 장병,
수천 미터 탄광 일도 마다하지 않았던 파독 노동자,

시체를 닦아내며 조국의 번영을 바랐던 어린 간호사,
중동의 사막에서 모진 고생을 이겨냈던 건설노무자
…….

그렇게 모두가 고생할 때 서류에 풀칠만 했던 게 너희 아닌가?

중학생도 할 수 있는 일을 핑계로 대민봉사는커녕,
못된 정치권력자의 하녀 노릇을 주저하지 않으면서

지금도 국가를 위해 헌신했다고 한다.

정겨움

떨어지는 낙엽을 잔디가 받들고 있다.

마치 옥상에서 떨어지는 여린 생명을 받아드는 그처
럼.
자궁에서 떨어지는 생명을 받는 손길처럼

잔디가 낙엽을 받아 들고 있다.

흙 알갱이가 낙엽을 받아들고 있다.

먼저 떨어진 낙엽이 흙 알갱이 되어
또 다른 낙엽을 받아들고 있다.

정신병동

환자의 기준이 뭔지 모른다.
모두가 환자인 것을.

환자가 환자라고 판명하는 추태.

지구가 정신병동.

배고파 봐라.
누군 인육을 먹고 싶어 먹냐?

마음 아파 봐라.
누군 넋이 빠지고 싶어 넋 놓냐?

당해 봐라.
나도 처음에는 너랑 같았었거든.

지구는 정신병동.

동물원에서
동물이 사람을 구경하는 건지,
사람이 동물을 구경하는 건지.

사실은 모두가 구경거리거든.

죽음 2

껍질을 벗고
자유의 비상을 하는 것.

알에서 나와
성물의 완성을 누리는
아버지의 '줄탁동시(?啄同時)'

어두운 지하 자궁에서
긴 터널을 뚫고 나와

빛을 만나는 것.

이승에선 볼 수도, 만질 수도 없는
편안함과 행복을 누리는 것.

고난과 불합리, 그리고 두려움에서 벗어나
자유와 빛의 세상을 만나는 것.

영혼과 육체의 二分적 결합에서
영혼 속의 육체라는 일체적 성체로의 시작.

모순, 억압, 더러움에서의 탈출.

참다움으로의 출발.

처음으로의 회귀.

그런 연유로 널 기다린다.

지하철

무관심.

옆 칸에 도둑이 있어도
앞 칸에 폭탄이 있어도

무관심.

모두가 타인.

스마트폰을 본다.
사람을 보는 것보다.

전자판 화면을 보는 게 좋다.

지하철을 탄다.
공포스러운 지하철.

인생은 지하철.
무관심.

내게 도둑이 들어도,
강도를 당해도

옆집도 무관심.
앞집도 무관심.

투구 게

\로마병정처럼
투구를 뒤집어쓰고 뒤뚱거리며
바다를 누빈다.

조개는 자기 살로
모래를 빚어 진주를 만들고
너는 순결함으로
푸른 피를 지닌다.

진주는 보이기 위해
멋으로 드러내는 보석이 되었고
네 푸른 피는 허물어져 가는
육체의 생명이 되었다.

너는 지금도 순결함을 담고
저 깊은 바다의 밑바닥에서
나를 기다린다..

상생의 푸른 피를 몸에 지니고.

펭귄밀크

발등으로 받은 알을
동동 구르면서 체온으로 감싼다.

영하 50도의 혹한에서 얻은
흔치않은 새끼.

산휴도 갖지 못한 채 먹을거리를 구하러
깊은 바다로 떠난 아내.

부화한 새끼는
배고프다고 연일 보챈다.

나도 먹은 게 없어 버티기도 지쳐 가는데…….

결국, 새끼를 살리려고
내장을 녹여 우유로 토해낸다.

먹이를 구하러 떠난 아내는
오늘도 소식이 없네.

기다리다가, 기다리다가
내장이 모두 젖으로 녹여진다.

새끼도 바다로 갔지만
아내는 여태 소식이 없다.

나는 영하 50도 빙산을 지키는 펭귄비석이 되었다.

휴일

띠또 띠또…….
세탁기가 할 일을 다 마쳤다고
인사를 한다.

생각을 멈추고
반자동 로보트처럼
빨래를 내어 놓는다.

수건도 엉켜 있고,
속옷도 엉켜 있고,
양말도 엉켜 있고…….

장롱도 없는
가난한 집의 안방처럼
얽히고설키어 있는
빨래 가지들.

어려웠던 지난 시절이 생각난다.
헐벗고 굶주림으로
삶의 저 끝에서 허덕였던 그 시절.

빨래 건조대에
가지런히 빨래를 정리하면서
지금의 풍요와 여유로움에
고마움을 한껏 느껴본다.

라이 따이한

배고픔에서 벗어나려고
월남 전쟁터 따이한이 되었다.

처참히 죽어가는 전우를 보며 악몽은 또 다른 악몽을
잉태했고,
절박함의 정점에서 삶을 지탱할 수 있게 해 준 건
연인의 포옹과 사랑뿐이었다.

라이 따이한이 생겼고 기약도 하지 못한 채
전쟁터를 떠나버리게 된 따이한.

가슴에 묻고 지내 온 불혹의 세월.

버림받은 적군의 씨라고 놀림을 받는 건 예사.
치욕과 모멸로 또 다른 악몽의 반복과 절체절명의 늪
에서

삶을 포기해야만 했던 라이 따이한.

이국에 두고 온 연인과 자식이 못내 그리워
불혹의 세월 간 삶의 전장(戰場)에서
배고픔을 딛고 풍요를 일궈냈다.

이제,
하노이. 다낭. 호치민에 평온의 미풍이 불고
따이한의 태극기가 웃음 짓는다.

절망의 끝에서 희망으로 만난 따이한과 라이 따이한.

베트남과 대한민국은 그렇게 혈육.

그물

저녁에 그물을 친다.

술집이 그렇게 문을 열듯이
그물을 친다.

술집은 희롱과 가락소리로 밤을 지새우고
그물은 어두운 적막으로 지새운다.

술집은 새로 시각에 돈을 세고
그물은 갇혀진 물고기로 보답한다.

사는 건 매일반.

저녁에 그물을 친다.

그물도 그 집인 것을.

머리칼

이슈 있는 바위를 풍성히 뒤덮고 있는
나의 자랑스러움과 용맹은 타의 추종을 불허한다.

지지고 볶고 올리고 색칠하는
변화무쌍함은 자유로움을 더욱 돋보이게 한다.

들판은 계절에 따라 형태를 달리하고
낮과 밤에 의해 분위기가 변하지만

나는 아무 때나 형태와 분위기를 만들어 간다.

때로 뿌리를 지져 태우기도 하지만
나는 끝내 남아있다.

톱니 같은 양날을 세워 표식 없이 잘라내는 냉혈적인
면도 있지만
온기를 유지하여 생명을 보존하는 나.

혈육이 고통 속에 잘려 나가도
사랑받는 만큼 설움을 감내해야만 하는 나.

그 참음의 여력으로 봉황의 품격을 지닌다.

4월 예찬

어디에 있던
어디로 가던

어울리는 인격.

바람이 불어도 상큼하고
때 아닌 눈이 내려 쌓여도

어우러지는 아름다움.

사월이 생명을 잉태함이리라.

모진 어려움을 견뎌야만 이뤄지는 탄생.
그 시작에 신이 계시고,
신께서 함께 하심이기에

사월은 그처럼 눈부시다.

어떤 사람이 사월의 그림을 그릴 수 있을까?
무슨 카메라로 사월을 찍을 수 있을까?

사월은 신께서 정직한 영혼을 그리고 계시며,
신의 사랑함을 보여주신다.

신께서 말씀하신다.

사월은 네 것이니 사월을 누리라 하신다.

상념

재산이 많다는 건
지금 쓰고 누리지 않는 한 무의미하다.

지식과 정보가 많다는 건
필요에 따라 활용하지 않으면 짐이다.

좋은 직업을 갖고 있다는 건
탄력적인 누림의 근무가 수반되지 않는 한 허울뿐이다.

건강하다는 건
한번도 아픈 경험이 없었다면 질병인거다.

좋은 사람인 건
자주 만났을 때 가치 있는 거다.

산다는 건

그때마다 생각되는 대로 움직이는 거다.
무언가의 의미를 부여하는 만치 힘들고
어려워진다.

지혜롭다는 건
아무 때나 다가올 죽음을 받아들이는 거다.

나는 뭔가?
언제든지 사그라지는 불꽃이고
가만있어도 흩어지는 먼지일 뿐이다.

제자 집에서

넓은 잠자리 마다하고
비좁은 이층 침대에서 잠을 청한다.

쿠울쿨 쿠울쿨
숨소리가 빗줄기와 어우러져 듣기도 좋구나.

어릴 적 선생이 뭐 길래
그토록 마음을 쓰는가,

그 사람의 사랑함과 베풂을 얼마나 아는가?

밤이 새도록 힘든 일 마다않고 견디며
옛적 선생을 위해 정성을 쏟는다.

선생은 그것도 모르고
주절이 주절이 자기 얘기만 뱉는다.

어리석은 선생.

그것도 선생이랍시고 글을 쓰네.

제자의 숨소리와 콧소리는 모두 자장가,

제자의 호흡소리에 평안함을 누리고 행복에 겹다.

나는 최고로 행복한 선생.

하늘 빛깔

하루라도 같은 빛깔이지 않고 있는 너
시시때때 다른 건 내 마음과 같구나.

네가 그처럼 다른 건 사랑함 때문이지만,
내가 그렇게 다른 건 다만 욕심뿐이다.

어미의 먹이를 기다리는 새끼처럼
흐린 낮빛으로 와 주길 바라는 생명,
맑은 낮빛으로 오길 바라는 생명,

언제나 때에 따른 적당한 빛깔로 와 주는 너의 배려.

나는 오직 배고픈 하이에나처럼 더러운 욕심을 채우려는 것 뿐.

너를 바라본다.
태어나 죽을 때까지 항상 새로움으로 와 주는

너의 다정함과 베풀어 줌.
지금도 너는 말해 주고 있다.

내 마음의 빛깔도 너를 따라 오라고.

7월의 베트남

열심히 살아가는 제자로부터
정직한 삶을 배운다.

종이 필터로 내린 커피 한잔에 천원.
직접 갈아 주는 천연망고사과 주스가 이천원.

하노이에서 호치민까지 자전거로 여행하고 싶다.
강력한 제국을 이겨낸 21세기 자존심의 나라에서 무얼 배워야 할까?

나의 오만이 언제 쯤 삭혀질까?

무엇이든 최대의 아름다움은 존재하는 것.
아름다움을 발견하지 못하는 건 내 무지와 오만 탓.

그들의 표정에서 경계심만 얻어내려는 나는 무엇인가?

언제 그들의 생각 속으로 들어가길 시도하긴 해 봤는가?
그들은 내가 허기지고 절망의 늪에서 허우적거릴 때 주저하지 않고 먹거리를 제공했던 사람들이다.

제국은 댓가 없는 도움을 주진 않는다.
제국의 도움은 또 다른 착취를 위한 미끼일 뿐이다.

진정, 우리의 이웃은 누구인가?

이 시간 나를 꼼꼼히 살피고 싶다.

물리적인 힘에 의존하는 것처럼 어리석은 게 또 있을까?
순간을 벗어나고자 택했던 의존적 기대는 결국 물거품이란 걸 역사는 증거하고 있다.

제국은 결코 공존하려고 하지 않는다는 속성을 깨닫지 못했던 지난 때.
그러면서도 지금 역시 제국의 품에 안기고자 하는 무지가 다시 또 착취의 시작을 알리고 있다.

내 자식들을 끝없이 이어지는 그 고통의 늪으로 보내야 하겠는가?

제국은 지금 이 순간도 서로의 밀약으로 자기들의 먹잇감만을 노리고 있을 뿐이다.

무지의 국가는 곧 무지의 나다.
무지의 나는 곧 무지의 국가다.

FRIEND

말하지 않아도
느낌으로 아는 사람

자식을 낳기 전
아내를 만나기 전

그렇게 만난 인연.

달이 태양을 만나기 전에
누굴 만났을까?

시간이 초침을 만나기 전에
무엇을 만났을까?

인지의 능력이 모자란 사람이
인지할 정도로

그렇게 만난 인연.
그런, 너와 나.

가을 소상

거칠게 보이는 나무나
그렇지 않은 나무도

모두 살풋한 잎을 품고 있다.

강인하게 보이는 나무나
그렇게 보이지 않는 풀도

모두 겨우살이 걱정에 쏟는다.

그와 내가 그처럼
한결 같음은

사랑 받음이고 사랑함이리라.

가을 한 때에 그렇게
겸손과 순리를 일깨운다.

관계(關係)

너를 만나는 이유는
네게 배우기 위함이다.

만약 너를 가르치려한다면 네가 피할 것이기 때문이다.

너와 사는 이유는
너를 위로하기 위함이다.

내가 위로받으려고만 한다면 네 마음은 벌써 타인의 것이기 때문이다.

궤도 진입

과거는 지금을 위한 교훈이다.
내면화 된 교훈은 지금을 생성한다.
미래는 지금의 에너지로 솟아오르는 로켓.

과거로부터
현명한 사람은 교훈을 얻고,
평범한 사람은 추억을 보고,
어리석은 사람은 집착하게 된다.

집착은 상처를 잉태할 뿐.

그 곳으로 가자

땅이 덩실덩실 손춤을 추며
구비구비 휘감아 도는 그 곳

청둥오리가 물길을 만들며
비상의 아름다움을 보이는 그 곳

하늘에 날리는 연처럼
수련이 수놓는 그 곳

대 숲과 솔숲이 어우러져
청량한 바람을 맘껏 들이킬 수 있는 그 곳

정겨운 억새풀이 길 가에 늘어서고
연꽃이 무리로 피어나는 그 곳

호수를 바라보며
정담 나눌 수 있는 의자가 기다리는 그 곳

먼 듯 가까운 듯
고즈넉한 그 곳으로 가자.

따뜻한 황토방 한 칸 품고
매일 그 곳으로 가자.

그런 일들

여러 가지 일들이 있었었다.

행복했었던 시간
괴로웠던 시간
기뻤던
슬펐던

여러 가지 일들이 있다.

추억을 만드는 시간
기억하고 싶지 않은 일

여러 가지 일들이 그렇게 ?......

삶은 그런 일들이 뒤엉키는
과정일 뿐이다.

늙어 가는 거

가끔, 내가 아닌 때가 있다.

그러다가

내가 아닌 때가 자주 있다.

결국, 나는 내가 아니다.

또 다른 슬픔

생각이 얕으면 잔소리가 많다.
자신은 실수가 적거나 없다는 단정 지음이
크기 때문이다.

생각이 얇으면 타인의 단점을
병기로 삼는데 주저하지 않는다.

사려가 깊으면 잔소리가 없다.
자신도 실수의 늪을 경계한다.

사려가 넓으면 그가 스스로 변화할 수 있도록
조심스레 암시하며 배려한다.

얇고 가는 사람은 속이거나 이용함으로써
스스로를 강하게 여긴다.

깊고 넓은 사람은 알면서도 속아 준다.

깊고 넓게 보기 때문이며,
스스로를 되짚어 본다.

좋은 사람은 현명하고 지혜롭지만
자랑하지 않는다.

쓰나미가 생겨도 심해는 고요한 것처럼.

다만, 그런 사람이 많지 않을 뿐이다.

무능력(無能力)

육체가 병들고 늙어만 간다.

정신과 영혼이 혼미해져 간다.

그 속에서 허우적거릴 수밖에 없다.

그러다가

결국 죽음에 이른다.

당신은 어떤가?

부목지우(父目之雨)

슬기로운 자식에게
눈길이 가네.

지혜로운 자식에게
마음이 가고

열손가락 물어 아프지 않은 게 없다지만
그래도 인지상정 아닌가 싶다.

다함없이 해 주고 싶은 게
부모 된 자의 도리인 줄 알지만

밥 굶기지 않은 걸로
스스로가 위안 삼았던 숱한 날들

여리고 약한 여식이 먼 산골로 떠나던 날
주체할 수 없는 안타까움에

피눈물이 솟는다.

한잔 술로 위안 받는 것도 하 세월

약하고 여린 여식이 시집가던 날
형용할 수 없는 아련한 마음에

피눈물을 삼킨다.

아비가 여식을 생각할 때면
안타까움과 아련함만이 앞선 마음을 채우네.

무엇을 어떻게 해 주었을지라도.

사돈

자녀가 얻어지는 건
부모의 의지가 아닌

신의 섭리.

자녀로부터 맺어지는 관계도
사람의 그것이 아닌

신의 섭리.
신께서 편한 자녀를 주셨고
자녀로부터 좋은 친구를 얻게 되는 것도

신의 섭리.

경외할 수밖에 없는 신의 섭리에
고개 숙인다.

신의 어떠함으로
그와 관계한다.

사연(事緣)

울퉁불퉁 한 길
언덕을 넘나드는 굴곡진 길
이리저리 휘어진 길

그리고 때론 평탄한 길

그렇게 시작은 같았으나
모두가 다른 길을 거쳐

검푸른 바다에 수렴한다.

무한대의 발산적 길 들은
떠도는 얘기가 될 뿐이다.

흔적을 남기려는 어리석음을 품고
욕망을 제어하지 못하는 군상들은

불행으로 점철된 고통 속에
제 각각이 옳다고만 믿는다.

다만, 모든 게 잊혀 질 것임에도.

생각

생각하는 자는
행동하는 자 보다 더 용기 있다.

무한의 행동을 하기 때문이다.

생각하는 자는
말하는 자 보다 더 지혜롭다.

가장 깊은 말을 하기 때문이다.

생각하는 자는
사랑하는 자 보다 더 사랑한다.

잊지 않기 때문이다.

생각하는 자는
믿는 자 보다 더 믿음직하다.

배신하지 않기 때문이다.

생각하는 자는
산 자 보다 더 뚜렷하다.

죽지 않기 때문이다.

생각은 존재 위의 실존.

웃기는 일

돌 된 아이가 뭐든 하란다.
자기가 책임진다고.

백일 된 아기한테 소갈비를 준다.
마음껏 뜯어 먹으라고.

정치인이 공약을 한다.
자신의 노력으로 일궈낸 재물도 아닌데
마치 자기 것 인양.

무지한 시민들은 공약을 믿는다.
어차피 자기들이 낸 세금인 것도 모른 채.

그리고 그들은 원망한다.

멀쩡한 일이란 없다.

태어난 것도,
사는 과정도
그리고 죽는 때도

신의 사랑함이 없다면 모두 허탄한 것.

슬픔

제일 고생하시는 하나님.
그렇게 불쌍한 예수님.

그리고 석가.
소크라테스.
공자.

그처럼 가슴 아프게 한다.

말씀을 알아듣는 경우가 얼마나 희소한가?
아집의 중증 동맥경화 환자인 인간을 마주하시니.

지천명

하고 싶은 대로 산다.
노란 색이든 파란 색이든 그건 중요하지 않다.

하고 싶은 대로 산다.
무슨 의미가 있던? 어떤 까닭이 있던? 그것도 생각하고 싶지 않다.

바라고 싶은 게 있다.
그 때가 오면 주저하지 않고 싶다.

바라고 싶은 것도 있다.
그 때가 와도 지금처럼 이고만 싶다.

오직
지금만이 존재하고 있으며
존재할 가치가 있다.

아름다움 2

모든 생명체가 추구하고 있다.

흔들리는 나무 잎
부는 바람
내리는 비
……

그들은 지니고 있는 모든 에너지를 통하여 아름답게
보여 지려는 노력을
쉼 없이 하고 있다.

다만, 모자란 내 능력과 아집 때문에 보이지 않을 뿐.

생명의 아름다움을
볼 수 없는 게 얼마나 안타까운 일인가?

아름다움은 아름다움으로만
아름답게 나타나는 것.

어리석음

태어난 게
억울하다고 한다.
기쁘다고 한다.
불만족하기도 하고
만족하기도 한다.
헤아릴 수 없이 많은 이유와 까닭이 있다.

그렇게 각양각색으로 시작되었거든.

사는 게
억울하다고 한다.
기쁘다고 한다.
불만족하기도 하고
만족하기도 한다.
헤아릴 수 없이 많은 이유와 까닭이 있다.

그렇게 각양각색으로 살거든.

죽는 게
억울하다고 한다.
기쁘다고 한다.
불만족하기도 하고
만족하기도 한다.
헤아릴 수 없이 많은 이유와 까닭이 있다.

그렇게 각양각색으로 죽거든.

변화무쌍하고 헤아릴 수 없이 많은 이유와 까닭이 아닌
한가지로의 아집이 바로 나다.

여름 하노이

비가 오는 듯하더니
금새 개인다.

개이는 듯하더니
후두둑 빗줄기가 드세어 진다.

그러더니 이내 맑고, 이어지는 폭염.

사우나에 든 것처럼
송글송글 온 몸에 땀이 맺힌다.
먼지와 흙투성이 바닥에 놓인 작고 좁은 의자.
목욕탕 간이의자에 앉아 길바닥에서

매일 아침 쌀국수를 먹는다.

비닐천막 아래
플라스틱 간이의자와 낮고 좁은 밥상.

비좁은 공간에서 연인과 가족이 밥을 먹는다.

머리가 마주 닿을 듯
아주 가까이에서 연인과 가족이

흘러내리는 땀방울을 서로 바라본다.

오토바이와 택시 그리고 버스가
시속 40킬로미터로 얽히고설킨다.
아침 밥상처럼.

시장엔 신선한 먹거리가 즐비하다.
일그러진 얼굴은 볼 수 없고
동냥질하는 거지도 없다.

여름 하노이엔 불평과 불만이 없다.

무슨 까닭일까?

역지사지

날마다 순간마다
일이 생긴다.

들려오는 갖가지 범죄유형.

감히 누가
그것으로부터 자유로운가?

그들과 같은 상황이었다면
모두 동일했을 것을.

사람은 잔혹하다.
'죄는 미워해도 사람은 미워하지 말라.' 는
허구로 비껴만 간다.

판별은 신의 몫.

우린 모두가 그것으로부터

결코 자유롭지 못하다.

너는 결국
또 하나의 나.

이해한다는 건

나를 버리는 거.
버려질 수 없는 숙명이기에
비우고 버리는 게

행복으로 가는 첫 걸음.

그대는 버려짐을 받아들이는
신의 오른 쪽

그대의 아름다움은 그것으로부터
시작되고 매듭지어진다.

비우고 버리도록 애써도
나는 결국 빈껍데기.

그대의 전신과 소리는
신의 그림과 음악이오.

나는 그대의 한켠이길
소망하다가 마치는 게 운명이오.

그런 아픔도 받아들이는 게
내가 누릴 수 있는 행복이란 걸
깨우쳐 봅니다.

전주 천에서

억새랑 강아지풀이랑
그 또래친구들이 오순도순
사이좋게 즐기는 곳.

늦은 아침에
한가로이 쉬는 백로와 청둥오리도

신이 내린 음악에 심취해 있다.

바람소리, 물소리
평화로운 신의 선물들.

인간은 평화로움을 추구한다면서
헤게모니로 살육과 처참을 정당화한다.

정작 모르는 것들이
앎을 논하는 것처럼.

꾸미지 않은 여유로
아름다움을 나누는 너희들.

각각의 영역을 존중하면서
공존하는 너희들로부터

자유로움과 사랑함이
평화와 평온의 본질이란 걸 배운다.

차이와 다름

노숙자는 지난 일을 찬란하게 포장한다.

범죄자는 모든 것을 탓한다.

죽어가는 자는 과거에 집착한다.

연어는 죽어가면서 현재와 미래를 얘기한다.

죽은 고목은 과거와 현재 그리고 미래를 알려주고 있다.

나는
그리고 당신은 어디에 있는가?

첫 출근

지루함의 허물 벗는다.

매미가 오랜 기다림에서 그렇듯이.

나노 조직처럼 섬세한 그곳에서
탄력 있는 거미줄같이
둥지를 틀고

내 세상을 부지런히 일구리라.

처음의 어설픔을
능력과 노력으로 용접하며

거대한 선박을 제조하리라.

생각하는 곳에 내가 있는 것.

이곳의 주인이 되리라.
위대한 역사가 그렇듯이
나는 첫 발을 내 딛는다.

젊음과 용기와 신념의
삼색을 지니고.

추석 연가(秋夕 戀歌)

보름달이 그렇게 밝을수록
마음 한구석이 텅 비었던 때

초가을 바람이 신선할수록
가슴 아리고 시렸던 때

고향을 향한 행렬이 길고 복잡할수록
형언조차 쉽지 않았던 외롭고 쓸쓸했던 때

반쪽짜리 가족을 안고
명절 주위를 서성였었다.

달구경을 뒤로하고 후련한 바람을 손사래 쳤었던 수
십 년의 세월은

그가 찾아 온 후로 추억이 되었다.

온 가족은 신의 공평함으로 완성되는 거.
올 한가위에 기지개를 켜고
'목하존복(目下存福)' 의 평온을 누린다.

텅 비었었던 외로움과 쓸쓸함이
더 큰 행복함으로 덮여지는

신의 배려에 눈물짓는다.

밤새 내리는 빗소리가 정겨운 건
신께서 들려주시는 사랑함의 음율 이었기 때문이리라.

풀 꽃

그가 꽃이다.

언제나 피어있기에
그가 꽃이다.

변함없이 향을 지니고 있기에
그가 꽃이다.

살아있고
살아나는 게 꽃이다.

그가 꽃이다.

풀내음

무성히 자란 네가
초승달 같은 예초기에
이슬처럼 잘려진다.

흩뿌려져 사방으로 튀는
하얀 핏물은
흔적도 없이 지면으로 빨려든다.

참혹하게 널 부러져 있는 살덩이가
여기저기 보여 진다.

그렇더라도, 그렇더라도
가슴 아픈 건
아무도 네게 관심이 없다는 거다.

비를 맞든,
뙤약볕에 불 탄 재처럼 말라가든,

바람에 흩날리든…….
너는 흩뿌려진 핏물내음으로
그처럼 순결한 영혼을 얘기한다.

그리고
네 순결한 영혼의 얘기는

산 사람만이 들을 수 있는 거다.

한계(限界)

이리저리 육체를 소진해 본다.

이런저런 생각에 잠을 잊는다.

모두 합쳐봐야
할 수 있는 건 그런 것.

어찌되었든
태양의 오만은 한 낮 뿐인 걸.

행복

섭취에 앞선 배설
소유에 앞선 버림
얻음에 앞선 베풂
누적에 앞선 나눔
나아감에 앞선 물러섬
부러움에 앞선 고마움
그런 것으로 물리적 편안과 정서적 평안이 공존될 때

영혼의 만족함.

제2장

수필

만남

하노이공항 발 인천공항 행 KE480 기내에서 썬그라스를 깊게 쓰고선 연거푸 눈물을 훔치고 있었다. 이때껏 눈물을 훔친다는 말의 의미가 무엇인지 몰랐는데, 이번 여행 후 귀국하면서 그 의미가 무엇인지를 분명히 알게 되었다.

박사장과의 만남은 오래 전으로 거슬러 올라간다. 그러니까 32년 전, 약관의 나이에 땅이 3천 평, 하늘이 5천 평인 산골에서 교편을 잡고 있을 때 만난 사이니까.

어린 나이였던 그는 그 때도 조용하고 착실한 학생이었다. 박사장 동기 중에는 지금껏 기억에 남는 학생들도 많이 있는데 박사장의 학창시절 기억이 별반 없는 것을 보면 그가 얼마나 조용하고 숫기 없는 학생이었는지 짐작이 간다.

중학교를 졸업한 지 16년 정도 지났을 무렵, 박사장 동기 중에 박사장과 같은 부락 ? 그 때는 시골 중에서 더 외진 곳에 부락이라는 마을이 있었다. -에 사는 김사장이 내게 찾아왔었다. 오랜만에 만나는 제자라서 같이 술도 하고 즐거운 시간을 몇 번 보냈었다.

그러다가 어느 날 김사장이 갑작스레 결혼할 사람이 있다면서 주례를 부탁하는 것 이었다. 나이가 별로 없는 내 처지이기도 하고 또 주례는 사회적으로 어느 정도 자리가 있어야 맡는 거라서 나는 당황하지 않을 수 없었고 그런 연유로 완곡히 사양했는데, 김사장이 자기가 사는 안방에 내 사진이 걸려 있어야 집안을 건사할 수 있겠다고 하면서 주례를 거듭 부탁하기에 맡기로 하는 와중에 박사장을 데리고 와서는 박사장 주례를 먼저 부탁했다.

박사장 주례는 생각하지 않고 있었던 나는 더욱 당황하게 되었지만, 두 제자로부터 박사장이 먼저 결혼할 수밖에 없는 상황을 듣게 된 나는 결국 박사장 혼인 주례를 서게 되었다.

주례를 서는 것이 엄중하고도 대단히 중요한 시간이라는 것은 여기서 특별히 언급하지 않아도 누구나 아는 상식일 것이다. 내가 처음 만난 제자의 주례를 서는 것은 더욱 그럴 것이다. 당연히 나는 긴장할 수밖에 없었고, 두 제자에게 참으로 잘 살아 주길 특별히 당부하고 다짐도 받았다.

그 때 제자들의 나이가 지천명이 가까워진 지금도 대부분이 그렇지만 산골에 수줍게 핀 들 꽃처럼 다소곳한 마음을 간직하고 있는 것을 보면 박사장이 결혼할 때 내가 당부한 얘기를 결코 헛되이 들었을 리가 만무했을 것이다. 더군다나 박사장은 그 중에서도 더 숫기가 없는 사람이었으니까.

결혼 후 해마다 안부를 전해 오는 김사장과는 달리 어느 때부턴가 박사장의 소식이 뜸하던 차에 박사장이 베트남으로 이민 갔다는 소식을 얼핏 듣게 된 나는 박사장에 대한 연민이 앞섰고, 박사장 동기들의 동창회에 참석할 때마다 박사장의 안부를 알아보려고 노력했으나 별다른 소식을 접할 수 없었다. 그러다가 결국 동창회에 가서 박사장 동기들한테 친구에 대한 무심함을 토로하기도 했었다.

최근에 김사장으로부터 박사장의 연락처를 알게 된 나는 기회를 엿보고 있다가 베트남에 갈 수 있었다. 하노이 공항에 내리면서부터 가이드한테 박사장의 연락처에 대한 문의를 했으나 가이드도 자기 본분이 있는지라 친절한 태도를 보이지 않고 있었다. 물론 그런 것에 대한 이해를 하고 있었지만 은근히 분통이 터졌던 나는 호텔에서 전화를 하게 됐는데, 박사장의 목소리를 수화기에서 듣는 순간, 잃었던 자식을 찾은 아비의 마음처럼 흥분됐다.

그때와는 다르게 풍채도 좋아졌고, 삶의 여유도 있어 보이는 박사장이 얼마나 고마운지 모른다. 나도 모르게 하나님께 감사의 기도를 드리게 되었다. 박사장이 눈물이 글썽이면서 반가워하는 걸 충분히 인지하면서 그때로 돌아가서 이 얘기, 저 얘기하면서 시간가는 줄 몰랐다.

박사장이 베트남으로 이민 오게 된 근본 연유는 내가 짐작하고 있었지만, 막상 박사장의 입으로부터 듣고 있으려니 가슴이 먹먹해짐을 막을 수 없었다. 32년 전으로 돌아가서 얘기하다가, 16년 전으로 가서 얘기하다가, 지금 얘기하다가, 10년 후의 얘기도 하면서 우리는 타임머신을 탄 아이들처럼 우여곡절을 나누었다.

남북으로 흩어진 가족이 상봉할 때도 그럴 것이다. 나는 베트남에 대해 많은 관심을 갖게 되었고 박사장이 더욱 평온히 살기를 바라는 마음이 특별했다. 박사장과 사진도 찍고 술도 한잔하면서 보낸 시간이 지금도 아쉽다. 저녁 늦은 시각까지 얘기하다가 귀가했던 박사장이 떠나는 날 아침에 또다시 호텔로 왔다. 베트남에서 귀하다는 커피며, 건강보조식품을 두 손에 가득 들고서.

내가 베트남에 갔을 때가 박사장이 아들을 얻은 지 며칠 지난 때였는데, 아들 이름 작명을 부탁하기에 세 가지 이름 중에 선택하라 했더니 흔쾌히 받아들이면서 아들 이름을 부른다. 아직 할아비가 정식으로 되진 않았지만 박사장 아들의 이름을 작명함으로써 할아비가 되었다.

귀국하는 날 호텔에서 배웅하는 박사장을 보며 매년 겨울에 베트남으로 와서 같이 겨우살이를 하지고 언약했지만 아쉬움에 눈물을 삼켰다.

공항에서 체크인을 하고 기내로 가기 전까지 썬그라스 속으로 눈물을 삼키고 있었던 나는 비행기가 출발하면서 내는 굉음을 앞세우고 혼자서 눈물을 연거푸 훔칠 수밖에 없었다.

집 터

스마트 폰 진동이 세차게 윙윙 거린다.
"여보세요?"
"네, 저 이통 입니다."
"무슨 일이니?"
"오늘 퇴근 후 사모님과 같이 여기로 오세요. 저녁도 잡수시면서 땅도 보시고……."

나는 수화기를 놓고 멍한 상태로 있었다. 땅이라……. 오십 후반에 들어선 나는 여태껏 한 평의 땅도 소유하지 못하고 있었다. 관심도 약했을 뿐 아니라 동생들에게 여기저기 차이면서 뒷감당하느라 바빴다. 생각 해 보니 참, 너무 분주히 살아 왔다. 하긴, 그게 내 팔자인 것을……. 결국 고생 아닌 고생을 많이한 건 다름 아닌 아내였다. 그런 것들이 나를 짐스럽게 하고 있다. 이번에 명예퇴직을 굳힌 것도 그런 이유가 포함 되었다. 평생 목돈을 만져보기는커녕 빚 찬지에 허덕이기만 했던 아내에게 퇴직으로 받는 돈을 모두 주어야 내가 조금은 짐을 덜 수 있을 거라는 생각이다.

이통이 학생 때는 아내가 담임을 맡았었다. 세월은 벌써 32년이 흐르고 있고 이통의 나이도 40후반에 들어 선 것을 생각하니 새삼 감회가 깊어진다. 이통은 우리부부에게 각별하다. 초임 때 만난 이통이 졸업하고 상급학교에 다닐 때 나도 임지가 옮겨져서 한동안 떨어져 있다가 몇 해가 지난 후 다시 초임 지를 찾은 때가 있었다. 아마 그 때는 내가 여러 일로 지쳐 있을 때였던 듯싶다. 그 때 이통이 군 생활을 하던 때였는데, 나를 보자마자 그렇듯 반가워하면서 내게 귀하고 값진 술과 음식을 대접하던 모습이 지금도 선하다. 이통은 그 어릴 때나 지천명이 다가 오는 지금이나 거의 변함이 없다.

작년쯤인가, 이통한테 명예퇴직 할 생각을 피력했더니 걱정스런 생각으로 내게 말을 건넸었다.
"선생님 그러면 서울로 이사 가셔서 사실 겁니까?"
"퇴직하셔도 여기에서 계속사세요. 저랑, 사냥도 하고 술도 드시고……."
"……."
"뭐, 우리 큰 애 직장이 아직은 여기에 있으니까 서울에 왔다 갔다 하면서 지낼거다."
"서울로 아주 이사는 가지 마세요."

"……."

사실, 나는 고향이 없다. 고향이 없는 사람이 있을까만 서두……. 아버지 고향은 안성이었는데 나는 거기서 태어나지도 않았을 뿐만 아니라 산적도 없어서 그런지 고향이라는 생각이 지금도 없다. 고등학교 졸업 때까지 서울에서 살긴 살았지만, 이사를 자주해서 고향이라고 할 처지도 못된다. 그렇다고 서울이 고향이라는 말을 꺼내긴 또 그렇다. 보통은 시골 쪽으로 얘기해야 고향이라는 말의 정서에 어울리는 것이라 생각된다. 여튼, 내 생각이 그렇다.

대학 졸업 후 짧은 군 생활을 마치고 부임한 초임지가 고향이라는 생각이 든다. 내가 힘들고 외로웠던 때에 만난 초임지와 그 때 학생들이 고향이자 친척이라는 생각은 처음부터 있었다. 몇 해 전에 이통한테 말을 건넨 적이 있었다.

"나, 죽으면 화장해서 댐에다가 뿌려 주거라."

"선생님,……."

"그리고 혹시 땅이 나오는지 알아 봐 주라."

"땅은 뭐, 하시게요?"

"퇴직하면 여기 와서 살란다.'

"사모님이 반대하시면요?"

"따라 오겠지, 아니면 말고……."

"……."

그런 일이 있은 후 이통은 자기 집 2층에다가 황토방

을 만들어 놓고 나를 초대하고선 말을 건넸다.

"선생님, 여기는 선생님 방입니다. 땅이 나오질 않아서 제가 방을 들였습니다."

"……."

그 방에는 침대랑 냉장고도 있었다.

아내가 퇴근하자마자 주차장에서 기다리고 있던 나는 곧 이통 집으로 치달았다. 갑작스런 일이라 나 역시 혼돈스러웠지만 아내는 더욱 그랬을 거다. 비가 부슬부슬 내리는 초임지의 길은 그 때를 생각나게 한다. 그 때는 모두가 황토 흙길이었고 구불구불 산 고갯길이었는데, 지금은 댐이 생기는 덕택에 도로가 말끔하다. 차창을 수놓고 있는 흐드러지게 핀 벚꽃이 그나마 아내를 위로 했는지, 아내가 못 내 기분 좋아한다. 한 시간 조금 지나서 도착한 이통의 집에선 이통의 아내도 막 퇴근해서 기다리고 있었다. 이통이 서류를 펴 놓고 설명한다.

"이건, 매매계약서고요. 토지대장이고요.……."

이통의 아내도 거든다. 마치 즐거운 소풍을 가려고 준비하는 마음처럼 그렇게 제자부부가 서로 거든다. 그 서류는 오래 전 서류이며 이통이 부른 값은 그 때 구입한 가격이었다. 비가 와서 그런지 약간 어둑해지는 초저녁에 땅을 보러 갔다. 그 곳은 이통의 집에서 지척에 있는 곳이었다. 땅을 보게 한 후 이통이 말을 건넨다.

"사모님께서 혹여, 조금이라도 반대하시면 없었던 일로 하세요."
"여기에다가 예쁜 집을 지어서 사모님과 지내시던가, 별장처럼 다니세요."
"석류나무를 심는 게 보기도 좋습니다."
이통의 아내도 거든다.
"빛이 들어오는 식물원을 만들어서 사모님 취미로 키우시는 꽃을 가꾸시면 더 좋아요."
"왕대추나무를 심으시면 좋아요."
두 사람은 한참동안 자상하게 설명해 준다.
"……."
그 땅은 약간 오르막에 있어서 마을이 훤히 보인다. 특히, 아름다운 이통의 집을 뚜렷이 볼 수 있는 곳이었다. 땅은 당장이라도 집을 지을 수 있도록 다져져 있었고, 크기는 웬만한 집을 지어도 텃밭이 충분히 나올 수 있는 정도였다.

집으로 돌아오는 길은 늦은 시각이었음에도 불구하고 별로 피곤하지 않았다. 내가 좋아하는 조용한 산골에, 그것도 부담되지 않는 금액으로 집터를 얻게 됐고 집도 지을 수 있게 되었다. 그리고 나는 이제, 아내에게 진 빚을 조금 더 갚을 수 있게 되었다. 집으로 돌아 온 아내가 애들하고 얘기하는 소리가 들려온다.
"제자가 소개한 땅인데, 산골이야."
"어딘데?"

"아빠가 첫 발령 받아서 근무했던 초임 지."
"아, 넓어?"
"응, 적당한 크기의 집 짓고 텃밭도 만들 수 있고 화단도 나와."
"……."

베트남

미국 여행에서의 시차 적응도 채 끝나기 전에 갑작스레 떠나게 된 베트남.

미국여행에서 매듭지지 못한 생각을 침착하게 정리하고 싶기도 하고 정이 깊은 제자를 보고 싶기도 한, 복잡 미묘한 생각을 갖고 훌쩍 떠나게 된 베트남.

베트남에서 수년 째 살고 있는 제자하고 별 생각없이 통화하다가 오랜 친구들이 우연히 번팅하게 되는 것처럼 그렇게 떠난 여행이었다.

그래서 이번 여행이 혼자 하는 첫 여행이 된 거다. 그동안은 가족, 부부, 친구, 지인들과 섞여서 여행하다가 홀로 나서려니까 뭔가 어색한 마음이 앞섰다. 여행 준비도 대충 옆 집 마실 다녀오는 것처럼 간단히 꾸리고?.

한 밤중에 도착한 하노이 노이바이 공항은 한산했다. 제자한테는 미리 나오지 말라고 신신당부했었는데 웬걸, 비행기가 정시보다 조금 일찍 착륙한 게 아닌가? 베트남어를 공부해서 어느 정도의 말을 익히라고 제자가 여러번 독촉했지만 이때껏 초보 중에서도 왕초보인 내가 편한 마음일리가 없었다.

짐이 없었던 나는 매우 일찍 출구로 나올 수 있어서 사람들이 나가기에 대충 따라 갔는데 제자가 보이지 않았다. 조금 기다리다가 마중 오는 중인지를 알기위해 전화하려고 했다가 마음을 급히 멈췄다. 로밍하지 않았던 거다. 문자를 보냈으나 답신이 없어서 보이스톡을 해도 통화가 되지 않았다. 약간 검은 피부의 사람들이 군데군데 섞여서 앉아있는 것도 마음을 편하게 하지 않았다.

그러다가 제자한테 전화가 와서 통화하는데, 기다리던 장소에서 가까운 곳에 있는 게 아닌가? 제자는 내가 출발 전에 일찍 나와서 고생하지 말라고 그렇게 신신당부했음에도 불구하고 벌써 나와서 출구로 나오는 나를 기다리고 있었던 것이었다. 그런데 나는 출구가 아닌 다른 쪽 문으로 나선 거였다. 그것도 나름 당당하게??.

8개월만의 재회는 그렇게 시작되었다. 제자는 그때보

다 생기가 돌았고 둘이는 택시에 타자마자 뭐가 그리 재미있는지, 제자가 사는 곳에 오기까지 40여분 이상을 즐겁게 대화하면서 왔다.

제자 집이 바뀌었다. 아파트 평수가 넓어진 거다. 순간, 나는 눈물이 핑 돌았다. 너무 감격스러웠던 것이다. 재회하기까지 짧은 기간이었지만 그가 얼마나 열심히 살아왔는지 보여 진거다.

이번 여행은 열흘을 넘기는 기간이라서 제자한테 신세를 지고 싶은 생각이 전혀 없었는데 자기 집에서 지내라는 얘기를 한다. 결국, 나는 여행 기간 내내 그 집에서 지내게 되었다.

제자의 휴일은 월요일이다. 그래서 제자가 불편하지 않도록 기간을 조정했었고, 그와 여행 스케즐을 상의했는데 나는 그의 권고를 존중했다. 사실, 내가 베트남어를 잘 구사하는 것도 아니고 영어에 능숙한 것도 아닌 상황이니까 당연한 결과일 거다.

이박삼일의 '사파' 여행을 추천한 제자는 내가 망설이는 모습을 보이자 매우 송구한 표정이었다. 그 동안 그는 베트남 현지 가이드의 경험도 쌓았다. 그건, 그가 어떤 금전적 이득을 위한다기보다는 오히려 나를 위해서 그랬다는 걸 잘 알고 있다. 그처럼 그는 생각이 결코 얕지 않은 사람이다.
그가 추천해서 다녀온 '사파' 는 참으로 의미 있는 여행지였고 나에겐 잊을 수없는 추억을 가져 다 주었다. 베트남 북부 산간지역으로 중국과 통하는 길목에 있는 '사파' 에서 나는 다시금 스스로를 원점에서 되돌아보게 된 거다.

이번 여행에서 며칠 동안 제자와 밤새도록 이어진 대화로 내가 얼마나 행복한 사람인가를 새삼 알게 되었고, 제자의 가족들과도 한층 더 긴밀하게 되었으며 베트남 사람들에 대한 이해가 깊어졌다.

한편으론, 베트남에 거주하는 한국인들이 어떤 마음가짐이나 행동을 해야 하는가?에 대한 방향성을 타진해 보지 않을 수 없었다.

우리는 베트남 국민들께 언제나 미안한 마음과 함께 그에 걸 맞는 행동을 해야만 할 것이다. 언제부터 우리가 그들보다 잘 살게 되었는가? 그리고 우리가 그들보다 잘 난 건 또 뭔가? 없는 놈이 뭐 하나 생기면 지랄한다는 말이 있다. 우리는 거지 중의 상거지였었다. 그걸 부정하는 대한민국 사람이 있으면 그는 한국인이 아니다.
그것뿐인가? 우리에게 전혀 해를 끼치지 않았던 그들에게 총부리를 겨누고 그들의 부모형제에게 씻을 수 없는 잔혹함을 행사한 게 우리 아닌가? 어떤 것으로도 정당화나 합리화 될 수 없다. 오직, 배고픔 때문이었다고 말한다할지라도 그게 말이 되겠는가?

여행을 마치고 돌아오는 하노이 노이바이 공항에서 제자의 배웅을 받으며 출국장에 들어선 나는 한국인이라는 게 부끄러웠다. 젊은 사람들이 욕설로 대화한다. 지들이 무슨 대단한 사람인 것처럼 행세하는 모습을 보면서 답답함이 앞을 가린다.

지금 우리가 이토록 잘 사는 건 우리 선배와 우리들 세대의 피눈물 값이다. 다음 세대를 이어갈 대한민국의 젊은 사람들이 이런 추태를 갖고 지낸다면 우리는 영원히 고꾸라질 거다. 대한민국이 다시금 올바로 서지 않으면 답이 없다. 누가 우리를 도와주겠는가?

한국전쟁 때는 그래도 유엔을 비롯한 선량 국민들이 우리를 도왔었다. 그러나 우리는 배고프다는 이유만으로 살생을 자행한 국민들이다. 한국인 어느 누구라도 숨겨지지 않는 범죄인으로부터 자유로울 수는 없다.

동행해 주었던 하이퐁여행, 식사나 차, 술도 마시면서 베트남 사람들의 일상을 좀더 깊이 느끼도록 물심양면의 도움을 아끼지 않았던 사랑스런 제자에게 고마움을 전한다.

그리고 한편으로는 다음 베트남 여행을 계획하게 된다.

지인의 명예퇴직

"납골당에 들어가는 신세 같습니다." 28년 전부터 마음과 생각이 통하여 지냈던 분이 명예퇴직으로 퇴임식을 마치고 난 후 내게 하셨던 말이다. 나는 아무 대꾸도 하지 못한 채 소주잔만 바라보고 있었다.

그분과 나의 만남은 마주 보면서 근무하는 상황이었기에 가능하지 않았나 싶다. 겉보기에 활달한 듯싶은 나지만 기실은 내심이 깊은 탓이라 숫기가 별로 없는 특성을 지닌 내가 일부러 찾아다니면서 사람을 사귀는 편은 아니기 때문이다. 지금은 사무실의 형태가 대개 컴퓨터로 업무를 처리하는 통에 칸막이가 있어서 마주하면서 근무한다고 해도 일거수일투족을 알기란 쉽지 않지만, 그 때는 자의건 타의건 매일 눈을 마주치게 되고 일부러 피하지 않는 한 1미터 전방의 근무파트너에 대해 관심을 갖지 않을 수 없는 때였다.

신혼의 상황에서 근무를 시작한 나와 미혼이었던 그분과는 처음엔 대부분 그렇듯이 서로 특별한 관심을 보이지도 않았었다. 하지만 객지에서 근무하게 되었던 나는 은근히 외로웠고 친구를 쉽게 사귀지 못하는 성격이라서 근근이 사무실 생활을 하고 있는 터에 점잖게 말하는 스타일이나 항상 존대 말을 사용하는 그분과 마음이 가까워지기 시작했다.

같은 성씨에다가 왕족으로서 파는 다르지만 먼 일가가 되는 사이의 우리 둘은 신혼의 아내가 질투할 정도로 거의 매일 만나서 술도 마시고 운동도 하며 근무지였던 지방소도시를 낮과 밤 구분없이 가리지 않고 돌아다녔다. 술도 그냥 적당히 마시는 게 아니라 대부분 고주망태가 될 정도로 마시고 다녔었다. 외로운 나와 미혼인 그분과는 그렇게 둘의 공통분모를 공유하게 된 것이었다. 퇴근 후부터 다음 날 새벽까지 이어지는 그런 술판에서도 그분은 결코 상스런 어휘로 실수하거나 실망시킨 적은 없었고 그런 좋은 태도는 지금도 일관된 모습이다.

대충 지내는 나와는 다르게 무엇을 하더라도 진지하게 탐구하는 그분의 태도는 깊은 존중심과 인간적인 매력을 지녔다. 정도 많고 배려심도 풍부하신 그분이 미혼일 때는 자취 생활를 하셨던 때라서 섭생이 좋지 않은 듯하여 내 마음도 편치 않았다. 그래서 기회를 엿보다가 우리집에서 식사하시도록 부탁을 하기도 했었는데 처음엔 정중히 거절하셨다가 나중엔 출입이 잦아지게 되었다. 그런데 지금은 오히려 반대상황이 되었다. 내가 그분 댁에서 아주 자연스런 상황으로 끼니를 때운다. 생각할수록 또 웃음이 터진다.

그분은 아들만 둘을 두셨고, 나는 딸만 둘을 얻었다. 원래 허우대가 나보다 훨씬 크신 분이라서 아들들도 180센티미터 정도의 키로 보기에도 훤칠하다. 사모님도 여러모로 좋은 분이셔서 내가 그분 댁에 가서 일상으로 지내는 데는 아무런 불편함이 없다.

그처럼 좋게 지내다가 근무지가 바뀌는 통에 한동안 떨어지게 되었던 우리는 거주지가 인근으로 된 후부터 또 그때처럼 거의 매일 만나서 같이 지내는 사이가 되었다. 그분은 그때나 지금이나 자기의 얘기를 거의 대부분 내게 말씀하시곤 한다. 그러다가 최근 건강이나 여러 상황을 고려해 볼 때 명예퇴직을 해야겠다고 하셨다. 아직 아들 모두가 학생인 것을 고려해 보면 결코 쉽지 않은 결정이셨겠지만 근무에 별 흥미를 갖지 못하신 때라서 나는 좋으신 결정이라고 응수하면서 거들었다. 사실은 나도 명예퇴직을 희망한 때였기 때문에 더욱 그랬을 것이다.

"퇴직에 대한 마음의 준비는 벌써 다 되었습니다."

하면서 웃음을 보였던 분이셨고, 나는 그분의 능력과 실력, 그리고 삶에의 진지함을 알고 있었기에 별다른 생각을 갖지 않았다. 그러나 막상 퇴임식을 마치신 후 털어 놓은 말씀은 충격이었다. 지금도 그 때의 모습을 기억해 보면 걷는 폼이나 말하는 형태가 거의 변함이 없다는 것을 느낀다. 다만, 상황에 따라서 사용하는 어휘가 조금 날카로워졌고 환갑이 가까워진 때라서 살집이 줄었다.

내겐 참으로 특별한 분이고 나보다 월등히 생각이 깊은 분의 그 말씀은 상당한 충격으로 다가 왔지만 젊었을 때 소신을 지니고 33년 동안 거침없이 근무한 나는 퇴직에 대해서도 그렇게 변함없다.

그러나 평소 가리는 음식이 많지 않은 식생활이나 음식 섭취 후 식체 같은 일을 거의 치루지 않는 분이 좋은 음식을 대접 받았을 텐데도 불구하고, 퇴임식 후 제대로 잡수시지 못했을 뿐더러 식체를 겪으시는 모습을 곁에서 가슴 아프게 바라봤으며 "납골당에 들어가는 신세 같다."라는 그분의 말씀은 내 마음에 각인되었다.

북해도

9월2일 2시 기상으로 시작된 여행이다. 한편으로는 이 군을 생각해 본다. 내가 과연 이 군과 어느 정도의 팀웍을 이룰 것인가? 에서부터 우리 가족 간은 서로에 대해 얼 만큼의 트러블을 견딜 것인가? 까지 복잡다양한 생각이 앞선다. 집을 나설 때 첫째가 선잠에 깨어 배웅을 한다.

3시30분 리무진에 승차했지만 잠이 오지 않아 인터넷 뉴스를 들으면서 6시30분에 인천공항 도착했다. E코너 진에어는 처음 타 보는 여객기다. 그동안 저가항공으로는 제주항공만 이용해 왔기 때문에 진에어에 대한 호기심도 생겼다. 이 군에게 도착 시각을 알려 주고 줄을 서 있는데 얼마 지나지 않아 곧 도착했다. 서로들 옷차림이 개성 있었다. 이 군은 여러 가지 여행 준비를 했고 그 수준은 어느 가이드 못지않았다.

진에어 출구로 향하면서 파리바게트 빵과 커피를 마시고 스쿠알렌도 구입했다. 2년여 만에 구입하는 스쿠알렌은 150,000원 정도여서 가격이 조금 인상됐다. 탑승을 해 보니 제주항공과는 사뭇 다른 느낌이었다. 젊고 박진감이 있었는데 이 군의 설명을 들어 보니 대한항공 계열사라고 한다. 나는 이때껏 제주항공이 그런 줄 알고 있었는데, 지내다 보면 잘 못 알고 있는 게 너무 많다. 여행의 묘미는 스스로가 스스로에게 숨겨진 반성을 하는 거다. 진에어에서 실시하는 이벤트 참여로 여행의 시작이 즐거웠다. 엽서를 작성해서 이 군한테는 편지를 쓰고, 둘째한테는 시를 썼고 첫째한테는 100일 후 도착되는 편지를 썼다. 진에어에서 제공되는 기내 식사는 나를 더욱 즐겁게 했다. 제주항공은 물만 제공했었다. 비록 심플한 식사제공이었지만 성의가 엿보였고 그것만으로도 공연한 불편이 사라졌다. 삿포로 신치토세 공항 도착 후 기내 대기 중에 들려주는 활기찬 음악 제공이나 승무원들의 진청바지 복장은 너무 좋았다.

11시경 삿포로 신치토세 공항에 도착해 보니 마트처럼 먹거리가 즐비한 공항 분위기가 의아하면서도 기분 좋았다. 일본은 10여 차례 다녀봤지만 이런 분위기는 처음 겪었다. 십년 전 쯤 인가? 아내와 홋가이도 여행 때 같은 공항이었던 듯싶은데 전혀 새로웠다. 이 군의 안내로 손 초밥과 그릇초밥도 먹고 삿포로 생맥주 한잔을 곁들이니 '금상첨화' 다. 기분이 이찌봉 기레이가 됐다.

JR패스로 35분 정도 기차 이동해서 고또니 역 도착 후 택시로 이동했다. 영어가 통하지 않아서 약간 헤맸으나 구글내비로 의사소통도 하고 이 군이 침착하게 처리해서 아파트에 도착해서 들어 와 보니 전화통화 안 되었던 아파트 주인이 청소 중이었다.

매우 시원한 물로 샤워하고 시내 구경하러 지하철로 이동해서 1959년도에 세운 삿포로 TV탑과 100년 지난 시계탑에서 기념사진도 찍으면서 자유여행의 편안함을 누렸다. 시원한 분수가 뿜어 나오는 광장엔 유럽의 어느 나라와 같은 분위기였고, 거리엔 걸어가면서 흡연하는 사람이 없었다. 가끔 벤치에서 흡연하는 사람도 개인 재떨이를 갖고 꽁초를 처리하는 문화나 흡연실이 거리 곳곳에 박스 형태로 설치되어서 마치 공항 흡연실처럼 이용하는 모습은 우리가 본 받아야 한다. 선진국 어디가나 공통적인 것은 개인이 질서를 존중하고 타인의 생활에 방해하지 않는다는 거다.

삿포로TV탑에 올라가서 동서남북으로 시내를 구경하는데 수목이 거의 없었다. 잘 정돈된 차도와 빌딩은 일본의 전형적인 모습을 보여 주었다. 간단한 저녁을 하려고 라면집에 들어가서 즐비한 라면 음식 중에서 몇 가지를 골랐는데 모두가 국물 맛이나 라면 맛이 비위에 그다지 맞지 않았다. 특히, 내가 고른 건 음식이 상한 듯한 맛이 나서 결국 제대로 먹지도 못하고 겨우 건더기만 꺼내서 후추와 고추 가루를 많이 섞은 후 먹었다. 겨자를 곁들이니까 조금 좋아졌지만 역시, 상태가 호전되지는 않았다.

우리나라에 온 외국여행자들도 목포의 잘 삭힌 홍어를 먹게 되면 그럴 것이다. 홋가이도 지방의 독특한 음식 맛을 경험하기가 결코 쉽지는 않았다. 음식 맛을 제대로 알지도 못하고 맛도 모르면서 사람을 이해한다는 건 문제를 안고 있을 것이다. 누구나 어떤 사람도 처음엔 같은 음식을 먹으면서 동질감을 갖게 되는 게 인지상정 아닌가? 그런저런 생각을 하면서 비슷한 문화를 갖는 일본의 침략을 받아 수탈된 지난 역사를 되돌아본다. 일본 사람들은 개인적으로 보면 심약하거나 의기소침한 느낌을 준다. 웃거나 즐거운 표정보다는 대부분 자신감이 미흡해 보이기도 하는데 어째서 우리가 침략을 당했는지 의문스럽다. 오히려 그렇기 때문에 국가라는 거대한 합법적 기구가 지시하면 마치 로보트가 프로그램에 의해 움직이듯이 따르는 건가?

저녁 후 아파트로 귀가하는 도중 근처의 마트에서

쇼핑을 했다. 일본은 음식 문화가 정결하다. 그날 판매를 못한 건 모두 폐기처분하기에 22시가 되면 비교적 높은 비율로 세일을 한다. 아파트에 돌아 온 우리는 맥주를 마시면서 가족처럼 둘러 앉아 늦은 시각까지 얘기꽃을 피웠다.

모두가 잠든 시각에 일어났다. 어제 연결되지 않았던 와이파이를 복구해서 큰 애하고 카톡을 했다. 어제 마트에서 구입한 음식 재료로 서양식 아침을 먹고 숙소를 나섰다.

주말이라 그런지 숙소 앞에 여러 개의 포장마차가 세워지고 음식을 판매하기에 문어를 넣고 아이스크림처럼 동그랗게 만든 빵을 구입하려는데 갑작스런 일이 생겼다. 맞은 편 가게에서 반짝 세일을 하는 것이었다. 사람들이 어디서 나오는 건지 우르르 나오더니 순식간에 내다 놓은 음식이 모두 판매됐다. 우리도 그 틈에 2개를 구입하고 문어 빵도 샀다.

오도리 공원으로 가기위해 택시를 탔는데 이 군이 택시 진행 방향이 이상하다고 해서 결국 운전기사한데 문의했더니 오도리 공원이라는 곳이 상당히 길고 넓은 곳이라는 걸 알았다. 어제 밤에 갔었던 삿포로 TV탑도 오도리 공원의 한 부분이었었다. 안내 지도에는 블럭으로 표시되어 있기에 다른 곳인 것으로 혼

동한 거였다. 너무 자세히 안내하다 보니 이런 일이 생겼는 가 보다. 하지만 우리는 우리 방식대로 일본 안내지도를 해석해서 오류가 발생한 일이었다. 서로 다른 문화에서 생활한 사람들과의 해석상 오류는 어찌 보면 당연한 일이다. 아집과 오해의 본성을 갖고 있는 게 사람인데 거기에다가 문화적 배경이 다르니까.

오도리 공원은 여러가지 공사가 한창 진행 중이었다. 곧 있을 가을 축제 준비인가 보다. 겨울엔 삿포로 눈꽃 축제도 오도리 공원에서 실행된다고 하는 걸 보니 오도리 공원은 그야말로 삿포로 시에서 가장 중심에 놓인 시민들의 쉼터임에 분명하다. 안내지도의 해석상 오류를 감내하고 주변을 살피던 중 북해도 도청과 의원회관을 우연히 들어가게 되었는데 이곳이 마치 우리가 찾던 오도리 공원처럼 느껴졌다. 우리나라에 세워졌던 조선총독부 건물을 보는 듯한 착각이 생길 정도로 거의 같은 모습에 말과 느낌을 표현할 수 없는 울화통으로 갑자기 가슴이 답답해졌다.

북해도청사 건물 앞으로 쭉 뻗은 거리는 세종로와도 매우 흡사했다. 북해도 청사 내의 인공 연못은 크기도 그렇지만 조경이 잘 되어 있어서 아름다웠다. 시민들의 쉼터로 손색없이 꾸며진 이곳에서 주말 결혼사진을 촬영하는 모습도 우연히 보게 된 우리는 오타루에서 밤배 타는 프로그램을 즐기기 위해 JR열차를 탔다.

일본은 열차 시스템이 매우 잘 되어 있는 나라다. 언제든 일본 기차 횡단여행을 하고 싶었는데 그 열망이 더욱 뜨겁게 솟는다. 조용하고 깨끗한 일본의 정취를 보고 느끼면서 미나미 오타루라는 시골스런 곳에 도착했다. 일본 곳곳은 유럽의 어느 나라처럼 과거의 건물이나 모습이 잘 간직되어 있다. 그건 후손에 대한 배려이며 조상에 대한 존중의 결과일 거다. 우리는 어떤가? 깊이 생각해 봐야만 할 일이다. 내 개인적으로는 부끄럽고 안타깝다. 실상은 개인적 삶도 그렇지 못하다. 개인의 삶이 그렇지 못하니까 국가나 사회가 결국 그렇게 된 것이다.

해변이 거의 없는 망망대해의 태평양 수평선을 보면서 미나미 오타루 역에 도착해 보니 역 자체가 100년이 넘은 곳이다. 깔끔한 거리 모습이 살고 싶을 정도였다. 기념품을 구입할 겸 거리 구경도 하고 오타루 맥주를 곁들인 저녁 식사 후 보트를 타고 오타루의 밤 정경을 감상했다. 넓지 않은 운하를 이용한 관광 상품이 일본다웠다. 별거 없는 구경거리에다가 100년 전의 오타루 모습으로부터 지금까지의 발전을 소개하는 것은 어쩌면 오타루 시에서 이벤트를 해야할 것임에도 불구하고 관광객에게 작은 돈이 아닌 상품으로 판매하는 게 참으로 가상할 일이다.

밤 시각에 돌아온 아파트 주변에서 주말을 즐기는 현지 일본사람들이 많은 맥주 집에서 꼬치를 먹으며 얘기꽃을 피우고 귀가했다. 어제는 이 군이 옆방에서 잤는데 오늘은 거실에서 같이 잠을 청하자고 했다.

아침 10시에 체크아웃 예약으로 우리는 조금 서둘렀다. 어제 구입한 물품으로 간단한 식사를 하고 짐을 꾸렸다. 하지만 모두들 약간의 피곤함이 이어졌다. 이 군의 코골이로 일찍 깨었기 때문이다. 출발 전에 미리 예고는 했지만 모두들 처음 겪어보는 일이 발생된 것이다. 여행 출발 전까지 야근을 하면서 피곤이 겹쳐진 이유도 있었지만 원래 잠잘 때 그런 현상이 있었다고 한다. 군 생활 할 때도 방독면을 쓰고 취침할 정도였다고 하니까.?
육체적인 한계는 고의적 상황이 아니기 때문에 거론해서는 안 되는 거다. 오히려 이해하고 감사할 일이다. 나도 역시 그랬어야했는데 다행히도 모면한 것이기 때문이다.

아파트를 나선 시각이 조금 일렀기에 시계탑에서 13시30분에 출발하는 버스 승차까지는 여유가 있었다. 승차를 기다리는 동안 오도리 공원 돌 벤치에서 쉬고 있자니 중학생들처럼 보이는 아이들이 교복을 입고 단체 활동을 한다. 공원벤치에 앉아 준비해 온 도시락도 먹고 있는 모습을 보니까 감회가 새롭다. 수십 년 전 우리 때 모습을 보게 된 나는 여러 생각으로 감정이 복잡해졌다. 잘 살면서 예의 있는 생활로 선진국이 된 일본의 자녀들이 부모가 입었던 오래 전 교복과 거의 같은 모습으로 벤치에서 도시락을 먹는 현상이 가공할 생각으로 다가온 거다. 그들이 보존하는 건 건물 같은 외관만이 아닌 것이다. 지금 우리나라에서 일본처럼 학생을 지도한다면 누가 얼마나 수긍할 건가?

오도리 공원에서 이런저런 생각을 하면서 이 군하고 삶의 가치관과 철학에 대해 생각을 나누다 보니 승차 시각이 됐다. 1시간 30분 정도 걸리는 '노보리베쯔'의 지옥온천에 도착해 보니 시큼한 유황냄새가 물씬 풍겨왔다. 예약한 호텔에서 녹차를 마시고 주변 산책길에 들어서니 유황냄새가 더욱 심한 농도로 다가 왔다. 유황연기가 무럭무럭 나는 곳으로 주변 산책을 다녀온 우리는 기대되는 호텔 부페에서 저녁 식사를 했다. 신선도와 종류가 만족 수준의 저녁은 만찬이었다. 나는 털개와 대개를 닥치는 대로 먹었다. 수북하게 쌓인 속빈 게딱지에 스스로가 기분 좋았다.

저녁 후 다른 한편으로 기대되는 온천을 갔다. 노천 유황온천은 일품이었다. 품질과 색깔도 그렇지만 무엇보다도 사람들이 북적이지 않아서 고풍스러웠다. 유까타를 입고 온천에 가서 느긋하게 휴식을 즐기고 나왔는데 나이가 조금 들어 보이는 여자가 탈의실을 정리하는 게 아닌가? 과거에도 일본에서 온천욕을 할 때 그런 일이 있긴 있었지만 그때는 희뿌연 탕 안의 온도를 검토하는 여자라서 그랬지만 이번엔 대낮같은 전등 아래의 탈의실이라서 조금 당황스러웠지만 여기의 문화라서 어리바리 넘겨야 했다.

온천욕을 마치고 호텔 방에 들어서니 웬걸 이부자리가 곱게 깔려있는 게 아닌가? 그새 누가 들어왔을까? 하는 걱정이 앞섰지만 그건 호텔에서의 서비스라는 걸 곧 알아챘다. 일본은 돈이 들어가지 않는 건 매우 친절하다. 그런 감동을 줌으로써 소비를 촉진 시키는 힘이 있다. 얼마나 합리적이면서 당당한 세일즈 인가? 상대방이 알아서 조아리는 마음으로 소비하게 하는 세일방식은 우리가 배워야할 거다. 거들먹거린다고 누가 알아주기나 하는가? 친절한 게 비겁한 건가? 가진 자나 능력 있는 자가 친절할 수 있는 것이고 없는 자가 공연히 거들먹거리게 된다.

우리는 찍은 사진을 서로 보면서 추억을 쌓았다. 추억을 공유하는 건 생각을 나누는 것이고 생각을 나누는 건 서로 행복을 누리는 거다. 그러면서 각자 좋아하는 노래를 신청해서 들었다. 비가 더욱 세차게 내리는 노모리베츠의 초가을이 깊어만 갔다. 나는 빗소리를 매우 좋아한다. 아내가 들려오는 빗소리에 지난 추억을 얘기한다. 사실, 같이 알고 지낸지가 수십 년이 됐지만 처음 듣는 얘기이고 아내의 얘기다. 생각해 보니 아내의 얘기를 들은 때가 거의 없다. 가족여행도 십년 넘게 다니고 같이 부부여행도 적지 않게 다녔지만 껍데기만 다닌 거였다. 이 군 덕분에 이런 시간도 추억으로 갖게 되는 걸 새삼 감사한다. 빗소리를 듣느라 거의 밤을 지새웠다. 세 사람의 숨소리와 빗소리가 노모리베츠의 밤을 채운다.

어제 늦은 시각에 잠이 들기도 했지만 여행의 여독이 쌓이게 됐는지, 조금 늦게 시작하게 된 아침이었다. 온천욕에 대한 미련이 모두에게 공통된 이유가 돼서 결국 9시까지 아침식사를 마쳐야했는데 우린 5분전에 식사를 시작하게 됐다. 이 군이 어제 밤에 장황하게 설명했는데도 불구하고 관심이 없었다. 그런데도 이 군은 재촉하지 않았다. 우리 가족에 대한 친절과 배려였던 거다.

그렇게 아침을 마치고 버스에 오른 나는 곧 잠이 들었다. 다시 오게 된 삿포로TV탑에서 2시간가량 틈이 생겨서 나는 짐을 지킬 겸 시원한 벤치에서 쉬고 셋은 쇼핑을 하러 떠났다. 월요일의 오도리 공원은 주말이나 휴일과는 사뭇 다른 모습이었다. 나이든 사람들이 삼삼오오 벤치를 지키고 있었다. 나는 느긋하게 누워서 기행 수필을 썼다. 좋은 나무 그늘 아래에서 시원함을 만끽하며 글을 쓴다는 게 얼마나 다복한 시간이며 일인지 모른다. 글을 읽는 것도 즐거움이지만 글을 쓴다는 건 읽는 거에 비할 바가 아니다. 글 쓰는 기쁨은 쓰는 자만 아는 거다.

여행 마지막 날. 새로 계약한 아파트에 들어서니 기분도 좋았다. 방도 깨끗한 건 물론이고 주변 상황도 매우 좋았기 때문이다. 특히, 이 군이 내게 준 여행지에서의 선물은 감명 깊었다. 맥주 거품이 만들어 지는 일본 휴대용 기구였다. 나랑 이 군은 사용법을 알아본다는 핑계를 대고 맥주를 구입하러 가서 맥주와 안주를 갖고 와서는 한잔씩 마시는 기분도 즐겼다.

점심을 간단히 하려고 일본식 카레가 유명하다고 한 음식점에 갔더니 사람들이 줄을 서고 있었다. 저녁 손님맞이할 준비 시각과 겹쳐서 고민하던 중 다른 사람들도 기다리기에 줄을 섰는데, 결국은 나오게 됐다. 어제 이 군과 둘째가 여행지에서의 프로그램을 수행하자고 했는데 그런저런 일로 상황이 여의치 않게 돼서 나와 아내는 아파트 근처 마트 쇼핑을 하다가 쉬고 이 군과 둘째는 자유 시간을 갖기로 해서 쉬고 있다가 열쇠가 없으면 현관문이 열리지 않는 염려로 이 군한테 도착할 때 알리라고 카톡을 보낸 후 잠시 잠을 청하는데 웬걸, 이 군이 둘째랑 돌아온 게 아닌가? 다시 넷이서 간단한 점심을 하고 전철을 탔다. 한 정거장 거리에 있는 번화가로 가서 쇼핑을 하는데 별 관심이 없던 나는 가까운 거리인 아파트로 다시 와서 쉬다가 '징기즈칸' 이라는 양고기 집에 같이 가기로 했다. 아무래도 피곤이 몰려와서 잠을 자야겠다는 생각이 앞섰다.

숙소인 아파트까지 걸어서 5분 정도였다. 피곤했는데 잠을 청하기 전에 쓰던 기행 수필을 어느 정도 마무리 하려다 보니 시각이 앞섰다. 이 군과의 미팅 시각이 다가 와서 갔더니 이 군이 길 건너편을 응시하고 있었다. 나도 나름대로 조금 일찍 도착한다고 반대편 길에 들어섰는데 이 군은 벌써 기다리고 있었던 거다. 멀찍이서 정감어린 모습을 보고 있자니 대견스러웠다.

우리 가족은 드디어 '징기즈칸' 에 들어섰다. 지하에 위치한 그 곳은 전형적인 일본식 술집이었고 손님들도 대부분 일본인이었다. 우리 가족을 배려하는 이 군의 마음을 또 엿볼 수 있었다. 담백한 양고기는 처음 맛본다. 7년 전에 몽골에 가서도 양고기를 먹어 봤지만 역시, 일본은 그 가공법이 개성 있다. 기분에 발동이 걸린 나는 일본 소주를 종류대로 마셨고 양고기도 부위별로 먹었다. 그야말로 여행의 라스트 나잇을 즐긴 거다.

늦은 시각에 숙소 아파트로 돌아 온 나는 또 이 군을 앞세워 거품기계 사용을 핑계로 맥주를 마셨고 혼자 기분이 만땅이 됐다. 내 기분이 고조 될수록 아내와 둘째가 동시에 스트레스를 받았을 건 불 보 듯 뻔한 일.

여행을 마치는 날 새로 시각에 나는 이 군을 '이 서방' 으로 호칭하게 됐다.

어리바리 술에서 헤매고 있는 상태로 아침을 봤다. 엊저녁에 이 서방과 둘째가 준비한 음식을 먹으면서 약속한 프로그램을 실행하려는 생각이 웃돌았다. 겨우 정신을 다듬고 책상에 앉아 이 서방의 동생인 '한솔' 에게 편지를 썼다.

비 오는 삿포로 신치토세 공항은 한적했으며 친절한 운전기사 덕분에 여행이 더욱 아름다웠다. 느긋하게 공항 주변을 감상하다가 탑승했다.

언제나 귀국 때는 우리 음식이 맛있다. 이 서방과 같이 육개장칼국수를 시키고 아내와 둘째는 국수를 시켜서 기분 좋게 먹고, 둘째가 오피스텔에 며칠 있다가 온다고 하기에 집으로 향했다. 원래 이 서방은 부모님 댁으로 가려는 계획이었었는데 피곤한 와 중에도 둘째를 오피에 데려다 주고 갔다.

귀가하는 리무진 버스에서도 계속 잠이 왔다. 4박5일 간 연이은 음주의 결과였다. 나이를 속일 수 없다는 건 공연히 나온 말이 결코 아니다.

자식은 두 가지뿐이다. 편한 자식과 불편한 자식이 그것이다. 편한 자식은 집안을 평온하게 하는 영향력이 있다. 기실, 나는 자식으로부터 많은 걸 받았다. 자식이 아니었다면 아마도 지금 쯤 폐인이 됐을 거다. 나를 이해해 주는 자식이 있다는 건 보통의 일이 아니다. 이것 역시 신께서 주신 은혜임이 분명하다. '자식 때문에 산다.' 는 말도 그냥 나온 말이 아님을 새삼 되새기게 되었다.

이번 일본 여행은 지금껏 다녀봤던 여행 중에 최고로 좋은 여행이었고 그건, 다름 아닌 이 서방 덕분이었다는 걸 숨길 수가 없다. 그의 인품이나 배려를 볼 때 사돈께 다시한번 고마움을 전하고 싶고 사돈과의 만남이 기다려진다.
나와 이 서방은 첫째의 배우자가 될 '허 서방' 과의 여행을 생각하면서 이번 여행의 매듭을 지었다.

생각해 봐도 또 웃음이 나온다.

바람

그의 영혼을 들이키며 내쉰다. 시시때때로 그의 내음을 한껏 느끼면서 그와 같이 하는 게 얼마나 자유롭고 소중한지를 새삼 되새겨 본다.

그의 육체를 들이키며 내쉰다. 파라오는 원래 모습을 보존하려고 그토록 무지막지하게 힘없는 사람들을 괴롭히면서 공을 들였지만 실상은 그렇게 하지 않아도 육체는 소멸되지 않고 바람 되어 머무른다.

봄바람은 젖을 물고 있는 아이의 비린내음이 난다. 이제 막 물기를 머금은 줄기와 가지를 타고 잎새까지 번지는 그 생명의 내음이 축축한 느낌으로 땅의 내음을 불러 와 서로 엉키어 낸다. 가끔씩 연한 풀잎에서 솟는 바람은 막 목욕을 하고 나오면서 웃음을 머금고 있는 젊은 여인의 비릿하면서도 상큼한 느낌을 주기도 한다.

여름바람은 무거운 느낌을 준다. 풀도 나무도 산과 들도 치장을 하느라 모두 분주하다. 거기에다가 사람들도 따라서 공연히 바쁘다. 인위적으로 칠하는 화장품 내음까지 더해져서 바람의 내음은 정체성이 없는 듯하다. 젊은 사람이 그렇듯이 여름도 역시 내추럴호르몬이 넘쳐서 바람의 기운이 세면서도 끈적거리는 내음이 솟아오른다. 통통하게 살이 찐 잎사귀가 머금고 있는 내음은 마치 뜨거운 입김을 토하는 연인들의 정열과도 같다.

가을바람은 청량하다. 깔끔하면서도 담백한 선비의 맛이 스며있다. 답답한 마음도 풀어 주고 같이 있고 싶은 여유와 편안함을 담고 있다. 친구처럼 푸근한 느낌을 주는 바람은 보고 싶어 그리운 사람을 기다리고 있는 사람의 마음속과 같기도 하며 그윽한 눈빛처럼 보여 지기도 한다.

겨울바람은 정 깊은 부모처럼 보인다. 그 차디찬 바람은 너무도 사랑하기 때문에 냉정하게 보이는 지극한 아비의 마음과 같다. 누가 알아주건 말건 자신을 내박치고 올 곧은 마음으로 순정을 주는 처녀의 그것과도 같다. 황량한 대지를 딛고 불어오는 그 모습은 초개처럼 목숨을 바쳐 조국을 구해내려는 장군의 결연함 같기도 하다.

가끔씩 심한 바람이 불기도 한다. 더 심해져서 태풍이 되기도 하고 토네이도나 허리케인이 되기도 한다. 그건 바람이 화를 내는 게 아니다. 청소 해 주는 거다. 어떨 때는 나무가 꺾이기도 하고, 해일이 일어 바다를 뒤집을 때도 있다. 그 모든 게 구석이나 바닥까지 깨끗이 청소하려는 바람의 성심인거다. 그런 바람의 정성이 없었다면 나는 태어나지도 살아 있을 수도 없었을 것이다. 사람들은 이런 바람의 깊은 헤아림을 모르기도 한다. 평생 남을 위해 살면서도 오해를 받는 바람은 결코 누구를 원망하지 않는다. 그건, 바람이 살아 있는 생명. 그 자체이기 때문일 것이다.

바람은 어디서 오며 어디로 가는지 도통 알려주지 않는다. 그러면서도 늘 내 곁에 있다. 그처럼 다정하고 지고지순한 마음이 어디 있으랴? 내가 어떤 상태에 놓여 있더라도 언제나 나를 이해해 주며 위로해 준다. 부탁하기도 전에 벌써 와 있는 그는 그처럼 미더웁다. 가끔씩 그를 생각 해 본다. 어디서 자고 그렇게도 일찍 일어날 수 있을까? 나보다 늦게 자고 먼저 일어나는 바람. 우울할 때면 우울한 모습으로 나타나 나를 감싸 주고, 기분 좋은 때면 그렇게 기분 좋은 모습으로 나타나 주고…….

바람 속에는 돌아가신 아버지의 말씀이 있고, 임종 때의 모습도 있다. 화장했던 아버지의 육체가 연기되어 바람과 섞였고, 분골은 땅에 묻히어 먼지로 바람과 같이 있으며 그 바람 속에 영혼이 머무르고 있다. 내가 숨을 들이킬 때면 그 육체와 영혼은 내 속에 들어 와 머무르다가 숨을 내쉬면 다시 제자리로 돌아간다. 죽어간 그 모든 사람의 육체와 영혼이 그렇게 쉼 없이 내게 들어가고 나온다.

나는 바람 속에 남겨져 있다. 바람과 함께 머무르고 떠돈다. 바람이 분다는 것은 신과 함께 살아있다는 것을 말하는 거다.

바람이 불고 있다는 것은 그토록 함께하고 싶다는 의미인 거다.

하이퐁

녹색으로 가득 찬 대륙을 가로 질러 두 시간 달려간 해변. 하이퐁의 끝자락에서 너를 만났다. 톤네삽 호수처럼 싯누런 황토의 네가 바다인지 강인지를 혼돈스럽게 한다. 비릿한 바다 내음도 숨긴 채 파도로만 얘기하는 구나?

구석진 공간의 생명체는 살아남으려는 최후의 몸부림으로 다가선다. 어디를 가나 어떤 형태로든 존재하는 그 처절한 모습에서 우리의 과거를 엿본다.

살아 있으려는 것엔 모든 방식이 합리화되고 그건 또한 정당방위일 거다. 신이 생명체를 창조하신 이후 존재하려는 모든 것에 답을 주시진 않았다. 그 어떤 것도 자신에게 스스로가 남겨지려는 본성적 생각이나 행동은 벌써 신이 눈 감아 주었기 때문이다.

나는 뭔가?

시대와 시절을 동반하고 살아있으려는 더러운 미물일 뿐이다. 내 생각이나 행동은 결코 올바른 게 아니다. 존재되는 생명체의 본성에는 바름과 그릇됨의 잣대가 없기 때문이다.

기쁨의 그 어떤 것도, 한탄할 그 무엇도 모두 의미 없는 것.

오토바이 행군과 지그재그 자동차의 뒤섞인 범벅 속에서 지금도 젊음은 발산 되고 있다. 젊음의 열정은 시대와 시절을 혁명적으로 이끌어 낸다는 것을 우리는 체험한 바 있다.

제국과 겨뤄 자신을 지켜낸 자존심의 국가.
생명은 자존심의 불꽃으로 이어진다. 그가 원하든 그렇지 않든 그건 문제될 게 없다. 그런 국가에서 태어나 존재하는 자체로 그는 이미 훌륭한 DNA를 갖게 되는 것이기 때문이다.

찾아올수록 새로움을 인지하게 되는 매력의 국가에서 매력 있는 사람을 볼 수 있는 것만으로도 충분한 가치를 부여한다.

해안 길을 되돌아오면서 너와 나의 관계를 다시금 생각해 본다.

사파

어제 마셨던 생맥주가 그리워지는 아침이다. 지척지척 내리는 하노이 빗줄기가 아스팔트를 적신다. 새벽까지 이야기꽃을 피웠던 제자는 피곤함에 뒤척인다. 그의 선잠을 깨우지 않으려고 발걸음도 조심스레 짐을 챙기고 나서려는데 웬걸, 문이 열리지 않는 게 아닌가? 택시 예약 시각은 급히 다가 오는데?......

미안한 마음을 뒤로하고 제자를 깨웠더니 열쇠로 문을 여는 게 아닌가? 우리와는 사뭇 다른 삶의 문화를 새삼 알게 됐다. 아파트에서도 철장 겉문과 안쪽 나무문에도 자물쇠를 철저히 채우는 생활습관은 그렇다 치더라도 나갈 때도 열쇠를 이용하여 여는 건 미처 몰랐었다?.

약속 시각에 미팅 장소로 서둘러 갔는데 안내할 사람도 없고, 여행사도 문이 닫혀 있어서 나는 또 피곤에 지쳐 잠들어 있을 제자를 깨울 수밖에 없었다. 몇 달 전에 왔을 때도 여러 일로 심려를 끼쳤는데?......

제자 덕분에 여행사 문이 열리고 30여분 기다리다가 승차하게 되었다?. 여행지 국가의 말도 거의 모르고 다니는 게 참으로 한심한 일이라는 것과 그 몰지각의 정점에 내가 있다는 걸 다시금 깨달았다.

우여곡절을 거친 후 사파로 출발하는 일행과 합류하게 되었는데 이런, 웬걸? 모두 서양 사람들뿐이었다. 미국팀 2명, 오스트렐리아팀 4명씩 여행하는데 나는 혼자였다.

가이드가 나를 호명하더니 한국 사람이냐고 물으면서 반가운 표정으로 인사하는 걸 보고 미안하기도 했고 고맙기도 한 이상야릇한 감정이 복잡하게 교차한다.

우리가 베트남 국가나 국민에게 이런 대접을 받을만한가? 혼자 자문해 본다. 어찌되었든 심성 좋은 이 나라에 총부리를 겨누었던 게 우리 아니었던가?

버스가 시원하게 달리는 걸 보면서 가이드한테 고속도로를 우리나라 업체가 건설 중이라는 말을 했더니 알고 있다고 하는 답변을 듣고서야 미안함이 조금 삭혀지는 듯했다.

넓고 푸른 벌판을 5시간 정도 달려야 도착하는 곳이 '사파' 란다. 어느 나라나 대동소이한 농촌 풍경이다. 베트남은 지금 이때가 이모작의 시작이라서 밀집모자 쓰고 모를 심는 모습이 보인다. 옛날 학창시절에 사진으로만 봤던 정겨운 삶의 모습을 보고 있자니 새삼 신의 공평함에 고개 숙여진다.

호주에서 모친과 함께 온 학생이 영양갱과 같은 간식을 권하기에 나도 휴게소에서 구입한 자일리톨 껌을 권했더니 '땡큐' 하면서 인사한다. 작은 거라도 나눌 줄 아는 게 여행자의 풍요로움이다. 인생은 여행이다. 살아가면서 나눌 줄 아는 게 현명함인 줄 알면서도 아집과 과욕으로 채우려고만 하는 어리석음을 새삼 뉘우치게 된다.

내 나이를 얘기했더니 가이드가 자신의 아버지와 할아버지 연세를 말하면서 할아버지? 아버지? 한다. 나는 할아버지라고 대답했더니? 아니라고 말하면서 또 한번 웃는다.? 휴게소에서 커피 한잔 사겠다고 운전기사나 가이드에게 말했는데 그들이 괜찮다고 한다. 그랬으면서도 승차 후에는 가이드가 내게 과자를 건넨다?.

사는 곳은 달라도 사람의 마음은 동일한 거다. 민주주의든, 사회주의, 공산주의든? 모두가 일부 권력자들이 만들어 낸 무가치한 것들 이란 걸 우리는 알고 있다. 사람은 평화를 추구하고 모든 게 소중한 것이라는 걸 깨닫고 실천할 때 비로소 짐승에서 벗어나는 거다. 사실은 이런 생각도 짐승을 모독하는 것일 게다. 짐승은 사상을 만들어서 공연한 살생이나 무자비함을 정당화하지 않기 때문이다.

세 시간여를 달리는 와 중에 비가 그친다. 안개가 자욱하게 번지는 산 모습을 보면서 나는 또 존경하고 사랑하는 지리산을 생각해 본다.

이런저런 생각을 하다 보니까 하노이 호안끼엠에서 출발한 지 무려 6시간30분이 지나서야 사파에 도착하게 되었다. 호텔에서 점심을 하고 출발 멤버들은 모두가 뿔뿔이 흩어졌다. 젊은 미국인 여행자는 산악오토바이 여행으로 갔고, 4명의 오스트렐리아팀은 1박2일 일정으로 주변 4시간 트레킹을 떠났고, 나는 다른 팀과 합류해서 내일 홈스테이 일정을 같이 하는 시스템이었다?.

이런 여행 경험 또한 처음이었다. 보통은 같이 트레킹하다가 헤어지는 게 일반인데 출발만 같이할 뿐 전혀 다른 상황이 전개되는 거였다. 약간은 황당했지만 헤어지고 만나는 게 일상이며 여행이고 또한 인생이라면 역시 어느 것에도 미련을 두지 말고 떠날 때 훌쩍 떠나는 게 순리인 듯싶고 또한 순리라는 게 받아

들여진다. 다만, 사람들은 미련을 넘어선 욕심과 욕망으로 무엇을 소유하려고 하고 그게 영원할 거라고 생각하고 믿는 다는 거다. 나 역시 그런 무지로부터 결코 자유롭지 않다?.

비가 더 거세어져서 우산을 샀다. 사파에서 허접한 우산이지만 5000원을 주고 구입했다. 하긴, 사파의 높은 지대까지 운송하려면 그럴 수도 있겠다.

호텔에서 하노이 병맥주 500cc가 1,250원 인걸 보면 물가가 참으로 착하다. 착한 물가에 감동해서 맥주도 들이켜 본다. 그리고 잔돈을 팁으로 주니까 게면쩍게 받는다. 우리돈 500원, 250원인데? 그런 심성을 보니까 또 주고 싶어지는 마음이 앞선다?.
베트남 사람들은 극히 일부를 제외하고는 삶에 대한 자존심이 강한 걸 어디가나 느끼게 된다. 도움 준 일도 없이 건네주는 팁에는 선 듯 나서지 않는 그 모습이 아름답다. 너무 아름다워서 감동이 된다.

우리는 먹을 게 없어서, 너무 배가 고파서 그렇게 구걸했었나? 인도나 라오스, 캄보디아에서도 그런 모습을 봤는데 베트남은 그런 거지가 없다. 베트남의 이런 모습을 오랜 동안 생각해야겠다고 다짐한다. 어떤 에너지가 있기에 이토록 아름다움을 간직하고 지켜낼 수가 있을까? 부끄럽기도 하고 부럽기도 한 교차

된 마음에 복잡했다.

호텔을 뒤로하고 사파를 둘러 보기위해 다시 또 봉고차를 타고 한참을 갔다. 산 높이에 있는 트레킹 목적지에 도착해서 바라보는 순간, 가슴이 탁— 막히면서 눈물이 솟는다. 우리가 가난하고 힘들었던 때가 샘솟듯이 아니, 홍수 때 폭포가 넘치는 것처럼 기약없이 눈에 어른 거렸다. 비가 오고 고글까지 썼기에 망정이지 ?

초가집, 돼지막사, 바람만 가린 허름한 집, 많은 자녀들,? 그것뿐이었으랴? 여행객들이 사진을 찍는 게 이해되지 않았다. 그저 보여 지는 것만으로도 나는 맨붕이 되었다. 모든 게 허옇게 보여 졌다.

3시간여를 트레킹하는 동안 주변의 산과 들. 그리고 살아가는 모습을 하염없이 보면서 줄 곧 뒤를 따라오는 아낙네들에게 또 돈을 건넸다. 다 주고 싶었는데, 지금도 잘못한 생각이 든다. ?오래 전에 다녀갔던 캄보디아와 베트남 중간에 있었던 톤네삽 호수의 어린 아이가 또 눈앞을 가린다.

누군가를 어떤 방식으로 도울 수 있는 건 참으로 다행한 일이다. 어떤 사람이든 타인을 도울 수 있는 건 신의 축복이기 때문이다. 그걸 모르고 마치 자신의 축복이고 능력인 것처럼 행세하는 사람이 있다. 기실, 모든 사람이 그렇게 산다고 감히 말하겠다.

베트남에 올 때 마다 지난 역사에 대해 사죄하고 다닌다. 어떻든 우리는 역사에 사죄해야 한다는 게 내 변함없는 생각이다. 또한 앞으로 베트남과 우리가 서로 협력하는 형제의 관계로 이어지길 바란다.

이제 우리나라는 돌보고 보살필만한 여력을 지니고 있다. 그건 물론 우리 선배와 우리세대가 피눈물로 이룬 거지만, 오히려 그렇기때문에 최소한 침략적 제국이 아니라 평화수호에 대한 노력을 지닌 국민들을 돌 볼 때이다. 개인도 그렇지만 국가도 타국을 도와주는 건 매일반이다.

홈스테이하면서 저녁 식사를 하게 되었다. 덴마크인 가족이었는데 참으로 행복해 보였다. 중학생인 14살 아들을 동행하고 왔는데 부부가 왠지 나이 들어 보여서 알고 보니 27살, 24살인 아들과 딸이 더 있었다. 말하자면 늦둥이를 데리고 여행 온 거다. 되지도 않는 영어를 내 방식대로 지껄여도 이젠 가이드가 짜깁기해서 알아듣는다. 알아들을 뿐 아니라 다른 사람들에게도 통역해 주기도 한다?.

사람들이 모이면 영어로 말한다. 제국은 대단하다.

가르치지 않아도 스스로 제국의 속으로 들어가기에 거리낌이 없다. 우주가 순환하는 건 순리라고 하겠지만 제국을 숭상하는 게 과연 순리일 것인가?

여튼, 내가 하고 싶은 말의 80%정도는 소통이 된다. 내 말에 질문을 하니까 그렇게 추정한다. 되지도 않는 말, 문법에도 없는 말을 해도 통하는 거. 그게 순리일 거다. 생각을 또 해도 통쾌하다. 영어를 잘 하는 게 훌륭한 건가? 자국의 말을 잘 하는 게 존중 받을 일이다. 말을 잘하는 것도 신의 축복이다.

말을 잘 하는 건 훈련이나 연습으로 되는 게 아니다. 말은 심성대로, 생각대로 나오게 되어 있다. 가끔씩 훈련을 통해서 말을 잘 하는 사람도 있지만 상황전개가 되면 그의 심성이 나오게 되어 있다. 결혼 생활이나 다른 관계에서 큰 상처를 받게 되는 게 그런 거다. 목적을 이루기 위해 숨겨온 것들이 결국은 나타나게 되어 있고 그 본래의 말과 행동을 겪으면서 고통이 시작되는 거다. 그렇게 본다면 자연은 얼마나 좋은 친구이며 연인인가?

주인이 술을 내어 왔다. 베트남 소주란다. 마셔보니 맛이 괜찮았다. 뭐, 내가 술을 가리겠는가? 내 스타일로 마시면서 농담하니까 술판이 무르익어 가면서 취기가 올라온다. 그러다가 일본 사람이 또 일본 소주를 내어 왔다. 집에서 담근 거니까 귀한 거다. 술 욕심에 과음을 하게 됐다.

나는 거나하게 올라온 취기에 힘입어 되지도 않는 말을 지껄였다. ?우리 가족들의 사진을 보고 싶다는 주인 여자에게 사진을 보여 줬더니 내 딸들과 얘기하고 싶단다. 은근히 자랑하고 싶은 마음에 보이스톡으로 통화하게 했더니 엄청 부러운 시선을 건네면서 한국으로 데려가 달라며 공격적인 발언을 해 댄다. 그런 모습을 지켜보던 덴마크 자콥 가족도 같이 동화되어 자기들의 스마트폰 사진을 보여 준다. 한동안 즐거운 수다로 한 밤중이 되었다.

알딸딸한 정신에 밖으로 나가 보니 비가 지척지척 내리는 게 마음을 더욱 흔들어 댄다. 노래를 몇 곡 부르고 있는데 주인 남자가 오더니 그만 자란다.

아침 일찍 일어난 나는 숙취가 조금 있었지만 별거 아닌 상태라서 스트레칭도 하고 주변을 돌아봤다. 밖에 놓인 나무의자에 누워 있으려니 바람이 내게 다가서며 속삭인다. 멀리서 때로 가까이서 바람이 그렇게 연인처럼?......

아침 식사를 하면서 덴마크 자콥 가족과 사진도 찍

고, 홈스테이 주인 가족과도 기념 촬영을 했다. 자콥 부부와 폰 번호, 이멜 주소 등을 주고받으며 다음 여행을 계획해 본다. '자콥' 의 아내는 '리스베스' 인데 덴마크어 교사라고 한다. 덴마크 교사는 우리처럼 한 과목만 가르치는 게 아니라 여러 과목을 가르친다고 한다. 가령, 리스베스도 역사와 사회를 같이 가르친다고 한다. 그리고 방학도 여름방학 뿐 이라고 하면서 우리나라처럼 여름, 겨울 두 차례 방학은 없다고 한다. 하긴, 우리나라는 살기 어려운 상태에서 여름과 겨울에 곤란한 집 사정을 도우라는 측면도 있었을 거다.

지역을 이동하여 트레킹하는데, 어제처럼 가슴이 먹먹하진 않았다. 그래서 사람이 이상한 거다. 조금만 지나도 그 적응력이 참으로 대단한 존재다. 어쩌면 그만큼 나약하다는 걸 의미하기도 하지만?.

가파른 계단을 한참 오르내리면서 과거 방식대로 침대 커버나 옷을 짜는 모습도 보고 삶의 방식을 설명하는데, 나는 우리네 사는 그것과 대동소이해서 별관심이 없었지만 자콥 가족이나 '몰간' 가족은 열심히 들으면서 트레킹 했다. '몰간' 은 호주 사람이다. 어제 각기 다른 프로그램을 마치고 재회한 거다. 몰간이 재치나 위트를 바로 알아차리는 걸 보니 인텔리젠트 인 듯싶다. 나중에 점심 후 몰간 가족과도 폰 번호를 나누었다. 몰간 가족은 '호이엔' 쪽으로 여행하면서 며칠 후 귀국한다고 한다. 다가오는 겨울엔 호주 여행을 해야겠다는 생각이 물씬 든다. 시드니에 살고 있는 '몰간' 과 '에싼' 을 만나러 가야겠다.? ㅋㅋ

여행의 묘미 중엔 쇼핑도 있다. 어쩌다 원하지 않는 걸 강요당하게 되면 그걸로 여행을 망쳐버리기도 하지만 이번 여행에선 그런 게 없어서 더욱 즐거웠다.

어려보이는 사람이 계속 따라오면서 수놓은 지갑을 팔려고 하기에 물으니까 고등학생이란다. 고등학생이면 공부라든가 여행을 하면서 자기개발에 힘써야 하는데? 또 가슴 아픈 상황이 벌어진 거다. 매일 6킬로미터를 걸어 다니면서 물건을 판다고 한다. 5시에 집을 나서서 두 시간 동안 걸어오고 17시에 사파타운을 출발해서 귀가한다고 해서 트레킹 마치는 때가 늦을지 몰라서 내일 아침에 호텔 앞으로 온다면 반드시 사겠다고 했지만 그런 일을 많이 겪은 터라 의심하는 눈길로 쳐다보기에 또 되지도 않는 영어로 다짐해 두었다. 나는 반드시 약속을 지키는 사람이라고 하면서?.

트레킹 하는 도중에 여러 명의 늙어 보이지만 젊은 여성들이 뒤에 팔아야할 물건을 바구니에 지고 각기 다른 형태로 따라 다닌다. 마치 하이에나처럼? 비를 맞으면서 세 시간 넘는 트레킹 동안 줄 곧 따라 다니는 걸 보니 참으로 대단했다.

가이드가 영어로 장황하게 설명하는데 발음도 그렇지만 쪼다 같은 내가 정확히 알아듣지 못했다. 나중에 여행사에서 찍어 온 일정표를 보니까 점심 이후엔 자유시간이었다.

점심을 마치고 호텔로 돌아오는 도중에 옆에 누군가 있는 듯해서 보니까 아침 트레킹 때 만났던 그 어린 학생이었다.? 순간, 반가움에 웃음이 나오면서 호텔 로비로 들어오라니까 들어가지 못하는 곳이라면서 한사코 밖에서 기다린단다.

별로 할 일도 없었지만 '수' 한테 약속한 대로 그녀의 물건을 팔아 줘야겠다는 생각과 얘기도 하고 싶어서 커피한잔을 같이 하다가 '수' 의 집을 방문하고 싶어서 양해를 구했다. 그녀가 부모님께 전화를 하고 난 후 드디어 두 번째 홈스테이에 대한 기대가 생겼다. 사실은 사파에 사는 일반 가정을 투어하고 싶었었다. 하노이 제자하고 서로 통화하면서 오며 가며는 택시로 이동하고 마트에서 먹을거리를 구입해서 '수' 의 둘째 언니와 동행했다.

타운을 빠져 나가면서 티켓을 구입하는데 그게 이상

하다. 사회주의 국가라서 그런가? 출구 티켓 체킹을 마치고 가는 길이 너무 험했다. 비가 자주 와서 그런지 이리저리 패인 길이 매우 불편했다. 꼬불꼬불? 그렇게 30분 정도 와서야 수, 사이, 리가 사는 집에 도착했다. 이렇게 먼 길을 매일 왕복으로 걸어다니는 게 참으로 힘들 거란 생각을 해 본다.

내가 생각한 것보다 집은 잘 정돈되어 있었다. 이유인 즉, 수의 아버지가 홈스테이를 하려고 단장 중이란다. 집 구경을 하다 보니까 2층엔 마무리하지 못한 상태로 남아있었다. 돈이 생길 때 마다 조금씩 짓는가 보다.

저녁 시각에 타운으로 돌아가기 위해 택시 운전사에게 돌아갈 시각을 예약하고 '수'와 '방'과 같이 마을을 산책하는 도중에 모친인 '이엔'과 '리' 그리고 '사이'가 저녁 준비를 했다. 식당이나 가게에서 음식을 먹어 봤지만 일반 가정에서의 식사는 처음이라서 호기심이 생겼다. 물론, 간단히 먹는다고 신신당부를 잊지 않았다. 산책하는 동안 시골에서 야생 '장어'가 잡힌다는 얘기도 듣고 '버팔로'란 물소 한 마리에 90만원 한다는 거, 여기도 우리네와 같이 집에서 키운 개를 잡아먹는 다는 얘기도 들으니까 새삼 또 가슴이 답답해 온다.

희미한 전등 아래서 수의 가족들과 저녁 식사를 즐겁게 했다. 수의 부친은 과음으로 잠들어 있었고 수의 모친과 네 자녀가 둘러 앉아 먹는 행복한 모습을 보면서 여러 가지 생각을 했다. 식사 후 또 우리 집과 나에 대한 호기심에 답변하느라 스마트 폰을 보면서 시청각 시간을 가졌다.

지니고 있는 돈을 모두 주고 가야겠다는 생각을 하다가 그냥, 주면 실례가 될 듯해서 팔아 주려던 것을 몇 개 부탁하기 전에 마트에 다녀 온 것과 택시비를 정산하고 남은 금액의 현금을 보자니까 아무런 행동을 하지 않아서 이상했다. 내가 다시금 오랜 동안 만나는 관계가 되려면 정직하라고 했는데도 가만있기에 노트에 적어서 살펴 본 결과 '수' 한테 택시비 정산으로 준 돈을 잘못 준 게 아닌가?? 여긴, 큰돈이든 작은 돈이든 돈의 모습이 거의 같다. 물론 살고 있는 사람은 구분을 쉽게 하겠지만 나와 같은 여행자는 대동소이한 행동을 할 거다. 급구 미안함을 알리고 돈을 처리했다.

타운으로 돌아오기 전에 '수' 의 가족들과 사진을 찍고 다음 기회를 만들어서 또 오겠다고 하니까 우리 가족이 모두 와 달라고 한다. 아무래도 내 딸들과 아내를 보고 싶은 가 보다?.

먹먹한 마음을 품고 호텔로 돌아오는데 날도 어둡고 길도 험해서 운전 기사가 고생했다. 첫날에 호텔 숙박인 줄 알고 세탁해서 입으려고 했는데 홈스테이라서 생각을 접고, 둘째 날은 우연히 '수' 집에 가게 돼서 호텔로 오자마자 세탁을 했다?.

뒤척이다가 잠이든 후 이른 아침에 일어나 보니 당연히 건조될 줄 알았던 세탁물이 웬걸, 초가을 같은 날씨에 버젓이 젖은 상태로 있는 게 아닌가?

제자가 좋아하는 '라우카이' 맥주 구입을 위해 마트로의 안내를 부탁해서 '수'와의 미팅 시각은 다가오는데 옷이 젖어 있어서 난감한 상황이 벌어진 거다. 드라이로 해 보고, 밖에다 걸어도 보다가 결국은 젖은 옷을 입을 수밖에 없었다?.

여행 삼일 째의 마지막 트레킹 프로그램으로 자콥 가족과 함께 사파타운에 있는 드래곤 공원을 트레킹하여 정상에 올라 서 보니 유럽풍의 건물과 도시 모습이 보인다. 오랜 동안 프랑스가 지배한 흔적이 남아 있는 걸 확인할 수 있었다?.

점심 후 하노이로 돌아가기 위해 짐을 정리하고 자콥 가족과 석별의 정을 나누며 헤어졌다. 자콥 가족은 기차여행이었고 나는 버스여행이라서 픽업 차량의 미팅 위치가 다르기 때문이었다.

하노이로 돌아가는 버스를 타고 6시간 이동하면서 이번 여행의 아름다움을 되새김 해 본다. 약간의 피곤에 지쳐, 자다 깨다를 반복한 후 하노이 시내에 도착하니 혼잡하고 시끄럽다. 벌써 사파의 조용함이 그리워진다. 날씨도 습도가 높아 후덥지근한 하노이 보다 사파의 초가을 날씨가 좋다. 사파는 겨울에 영하로 온도가 내려가는 베트남 북부 산간 지역이고 중국으로 이어 지는 길목이다.

여튼, 영어도 어리바리하고, 베트남 말은 거의 백지 상태인 내가 결코 평안하지 않은 출발로 시작된 사파 여행에서 덴마크 자콥 가족과 홈스테이를 통한 인연, 호주의 몰간 가족과 트레킹을 통해서 얻은 기대와 신뢰는 참으로 값지며 의미 있었다.

역시, 여행은 여행다워야 한다. 어떤 사람들은 산과 들 그리고 바다로 이어지는 자연을 감상하는 게 여행이라고 할 수 있을지 모르지만 결국 여행은 여행을 통해서 새로운 만남이 창성된다는 거다. 그 묘미는 맛 본 사람만이 알 것이며, 여행자라면 기여코 새로운 만남의 맛을 알게 될 거다. 그런 면에서라도 이번 여행은 아주 오랜 동안 잊혀 지지 않을 거다. 내 의지에 관계 없이?.

여행을 권한 제자로부터 여행지에서 만난 사람들 그리고 항상 내 친구인 태양, 달, 바람과 흙 등 자연을 이루고 있는 모든 것들께 고개 숙여 감사한다.

삼인행 필유발사(三人行 必有發事)

공자께서 '삼인행 필유아사'를 말씀하셨고 그것은 오랜 동안 교훈적 의미를 지녀 지금까지 전하여 오고 있다. 세칭 배운 사람들은 그 교훈을 음으로 양으로 익히 들어왔기도 했다.

우리가 베트남 여행을 결정한 건 퇴직 후 얼마 되지 않은 때였다. 박박사와 이박사는 만난 지 불과 3개월 만의 결정이었다.

이박사는 나하고 26년 전에 같이 근무한 분이고, 박박사는 나랑 4년 전에 같이 근무한 분이며, 이박사와 박박사는 내 소개로 8개월 전에 처음으로 만나게 되었다.

퇴직 후 서로에게 관심이 있는 분야가 건강에 대한 것과 취미를 공유하는 것이었기 때문에 우리 셋은 급진전으로 가까운 사이가 되어 매주 한번씩 만나서 건

강관리도 하며 취미도 같이 즐기게 되었다. 이박사는 박박사가 점잖은 분이며 책임감이 강한 분으로 여기고 있었으며, 박박사는 이박사를 생각이 깊은 분으로 여겨 서로 존중하면서 즐거운 시간을 보내는 와 중에 이박사나 박박사나 나는 서로 먼저 누구라고 구분이 되지 않을 정도로 의기투합하여 여행을 결정하게 되었다.

여행 출발 전에 우리가 매주 만날 때도 박박사가 공금을 정리하고 사용했다. 그처럼 우리는 박박사의 성실함과 책임감, 그리고 합리적 생각을 존중하면서 지냈기 때문에 이번 여행 경비도 마찬가지로 우리 셋 중에 가장 연장자인 박박사가 관리하게 되었다. 박박사는 실로 대단한 분이셨다. 우리가 공유한 취미를 게임으로 했는데 무려 31차전의 게임 결과에 대해 자세히 기록을 남길 정도였으니 그 정성이 보통은 넘는 분이셨다.

자신에게 특별한 이득이 되지 않는 일을 지극히 꼼꼼히 기록하는 것은 아무나 할 수 있는 일이 아니며 그 심성 역시 아무나 소유하고 있는 건 아니다. 그건 그 사람이 어떻게 살아왔는지에 대한 결과적 산물이다. 우리가 지천명의 후반에 들어 선 지금의 행동이나 삶의 자세는 이제 변경하기 어려운 자신의 틀이 되어있기 때문이다.

간혹, 나이 들어서 친구가 없다거나 외롭다거나 하는 건 마찬가지로 그 사람의 책임이다. 수십 년 동안 자신의 가치관과 삶의 틀은 좋게는 너그러움으로 그렇지 않은 건 아집으로 관철되는 것이다. 그 중간의 틀은 거의 없다. 그래서 나이 들면서 주변의 인간적 풍요로움으로 사는 사람과 그렇지 않은 사람이 대별되는 거다.

여행은 우리에게 커다란 교훈을 체험으로 가져다준다, 그래서 건강히 귀가하는 게 최고의 결과 인 것이다. 여행 도중에 우리는 엄청난 가치적 의미의 배움을 선물로 받기 때문이다.

이박사는 베트남을 5년 전에 다녀 온 적이 있고 나는 10개월 전에 다녀왔었다. 박박사는 베트남에 처음으로 가게 된 이번 여행에서 이박사는 베트남 말을 열심히 공부하며 나름의 계획을 세우는 편이었고 나와 박박사는 특별한 계획을 세우지 않고 대충 여기서의 건강 생활과 취미 생활을 연장하는 것으로 간단히 생각하는 편이었다. 사실, 나는 거기에 제자가 살고 있어서 마음이 다른 분들보다 편한 상태였다. 두 분들도 아마 내 제자가 살고 있다는 것에 의지하면서 여행을 결정했을 듯싶다.

우리는 베트남에 살고 있는 내 제자를 생각하면서

어른으로서 도리를 다 하고자 여러모로 생각을 했고 그것을 실천하는데 힘을 쏟았다. 제자가 필요한 물품을 물어서 짐을 꾸렸고 제자의 어린 자식들을 위해 과자, 퍼즐 등을 준비했으며 제자의 아내를 위해 화장품도 준비하는 등 각자 다방면의 노력을 했었다.

베트남으로 출발하는 날은 모두가 분주했다. 새벽 4시차로 가야했기에 잠도 설치다가 2시 반쯤 일어나서 폰을 보니까 문자가 와 있었다. 이박사가 보낸 문자였다. 감기가 심하게 들었으니 감기약을 가져다 줄 수 있느냐,는 내용 이었다. 약을 찾다가 보이질 않아서 공항에 약국이 있으니 거기서 구입하면 된다는 답신을 하고 3시 반쯤 시외버스터미널로 출발하면서 두 분께 출발 메시지를 보냈다. 터미널에서 기다리고 있으니 박박사가 왔고 버스 출발 시각이 다가 오길래 이박사께 전화했더니 신호는 가는데 통화가 안돼서 결국 문자를 했다. 그러나 버스 출발 3분 전이 되도록 아무런 연락이 없기에 이박사 부인께 혹시나, 하고 전화 했더니 아니나 다를까? 제 시간에 터미널 내려주고 귀가 했다는 것이었다. 아연실색. 바로 옆의 리무진터미널로 가니까 거기에 있는 게 아닌가? 여하튼, 그런 해프닝을 품고 인천공항으로 갔다.

우리 중 누구라도 그동안 저가항공을 탄 적은 없는 듯했다. 나도 여행을 어느 정도 해 봤지만 저가항공은 처음이라서 정보가 미흡했다. 개인 짐이 15킬로그램인 것인 알고 있었지만 우리 짐의 무게가 그렇게 많이 나가는 지는 미처 몰랐다. 무려 75킬로그램이 나온 것이었다. 초과 짐 값으로 30만원을 지불하는 상황이 발생한 거다. 개인당 편도 10만원의 저가항공이었는데…….

초가 짐 값으로 1킬로그램 당 1만원을 지불한 상황에서 우리는 잠시 패닉상태가 되었다. 나는 너무 당황했다. 내 제자가 부탁해서 갖고 온 짐이 15킬로그램이었기 때문이다. 내 개인 짐은 5킬로그램이어서 결국 5킬로그램이 초과 됐기에 초과 짐 값 중 5만원을 부담한다고 하니까 박박사가 어차피 우리 짐 이니까 공금으로 처리하자고 해서 일단락되었지만 우리는 각자가 어느 정도의 충격을 받고 있었다. 일반 항공료 보다 훨씬 절감할 수 있다고 하기에 위험부담을 무릅쓰고 저가항공을 선택하는데 시간을 할애한 우리들이었기 때문이다. 그것도 특가 항공료를 찾아서 나선 여행길의 초입 상황이 이랬다. 그리고선 아침을 먹기 위해 공항 음식점을 찾아 나선 우리들. 이박사와 박박사의 의견이 엇갈리기 시작한 건 이때부터였다. 먹을 게 없다, 음식 값이 비싸다. 그런 의견을 말하면서 아래 층 위층을 두 번 오르락내리락하고선 결국 멀건 국물만 있는 비싼 음식으로 아침을 때웠다.

저가항공에서는 내가 그동안 여행하면서 본 것과는 다른 여러 형태의 승객이 보여 졌다. 베트남 승객들은 무거운 짐을 배낭에 구겨 넣어서 들여오는 게 아닌가? 아까, 우리가 기내에 짐을 들고 가는 구격을 물었을 땐 안내자가 모두 화물로 부쳐야 한다고 했는데……. 우린 신뢰감을 잃은 저가항공에 대해 마음의 상처를 받으며 승객들의 일탈을 하염없이 볼 수밖에 없었다.

5시간의 비행으로 하노이 공항에 도착한 우리들은 초과수량의 담배를 걱정하면서 겨우 출구를 빠져 나와 제자를 만날 수 있었다. 바쁜 와 중에도 마중을 나와 준 제자를 보면서 나는 내심 이제 됐구나, 하는 마음이 앞섰다.

제자의 집에서 불과 150미터의 거리를 둔 호텔에 짐을 푼 우리는 각자 생각이 달랐다. 이박사는 스마트폰의 유심을 로컬로 바꿔야 한다면서 오로지 그 생각으로 행동했고, 박박사는 환전을 해야 한다면서 제자에게 환전에 대한 얘기를 하는데 온 에너지를 쏟았다. 제자는 갑자기 더욱 분주해 졌다. 선생의 지인으로는 알고 있었지만 처음 대하는 사람들의 요구를 들어 주기에 동분서주하는 모습을 보면서 나는 미안한 마음에 가슴이 아렸다.

베트남의 보편적 음식인 쌀국수를 제자의 일 터 앞에서 맛있게 먹고 우리 일행은 기운을 차렸다. 저가 항공은 음식을 따로 주문해야하는데 우리는 경비를 절약하느라 기내에선 박박사가 갖고 온 봉지커피를 무료로 제공되는 뜨거운 물을 얻어 마시고 온 상태였기에 쌀국수를 그렇게 먹었다.

저녁엔 제자가 집으로 초대했다. 넉넉하지 않은 좁은 아파트에서 거실바닥에 신문지를 깔고 제자가 말을 한다. '여기선 이렇게 먹습니다.' 계면쩍은 표정을 하는 제자를 보며 내 가슴이 아파온다. 제자가 휴대용 가스렌지에 후라이팬을 놓고 랩으로 둘둘말린 고기를 썰기 시작할 때까지도 나는 별다른 기대를 하지 않았다. 한국에서도 그 흔한 삼겹살이었기 때문이었다. 그러나 익힌 고기를 먹는 순간 놀라움이 미각을 흔들었다. 그건 나뿐만이 아니었다. 이박사나 박박사 모두가 처음 맛보는 그 맛에 감동하는 것이었다. 그 때 제자가 말을 했다. '선생님 이 삼겹살은 아무 때나 나오는 게 아닙니다. 여기서 택시로 2시간 쯤 가면 시골이 있는데 거기서도 1주일에 한번 쯤 나오는 고기입니다. 처음에 갖고 온 것이 맛이 없어서 2번째 겨우 구한 겁니다.' 제자의 말을 듣고 나는 아무런 대꾸를 하지 못했다. 우리는 걸신들린 사람들처럼 그 삼겹살을 거침없이 먹기 시작했는데 그 많은 량의 고기를 거의 다 먹어 치웠다. 돼지를 한 마리 잡으면 삼겹살이 약 2킬로그램 나온다고 알고 있다. 제자가 돼지 한 마리분의 삼겹살을 모두 사 온 듯싶은데 그걸 우리 셋이서 걷어 치웠던 것이다. 기름도 거의 없는 담백한 삼겹살은 우리에게 식감의 감동을 주는데 충분했다.

호텔로 돌아 온 우리는 각자의 생각으로 행동하기에 주저하지 않았다. 원래 2주간의 여행일정으로 시작한 우리일행의 최대 목표는 건강보약재를 구하는 거였다. 보통은 부부간에 여행을 하더라도 다음 여행일정에 대해 서로 의견을 모으고 정보를 공유하면서 진행하는 게 일반적인데 우리는 그렇지 못했다. 리더가 없었고 각자의 생각이 우선되길 바라는 마음이 지배적이었다. 여행 이튿날 보약재 구하는 것에는 모두가 동의했고 우리는 먼 길을 가야만 했다. 택시로 왕복 7시간을 다녀오는 여정이었다. 한국 사람을 소개 받고 그 사람의 안내로 또 2시간을 더 가야했던, 베트남에서도 시골인 곳에서 우리는 어렵게 약재를 구하게 되었다.

제자는 원래 이 분야에 관심이 없었을 뿐만 아니라 잘 모르는 상태에서 우리가 요구한 걸 만족시키기 위해 엄청 애를 쓴 것을 직감했다. 제자는 이국에서 아무도 믿지 말고 특히, 돈 관리에 주의하며 흥정을 절대하지 말고 자기에게 먼저 말하고 자기가 흥정 해준다고 신신 당부하며 물건 값은 자기가 있는 현장에서 치루라고 했었다. 베트남에서 얼마나 힘들게 고생하면서 알게 된 지혜일까……. 조금이나마 선생인 내가 금전적 손해를 보는 게 그토록 걱정됐던 것이다.

우리일행 중에 베트남 말을 제대로 알아듣는 사람이 없었다. 이박사도 베트남 말을 조금 할 줄 알았지만 베트남 말이 6성이라서 어휘로 대충 통하는 영어와는 영 판이 달랐다.

우리를 약재상으로 안내한 사람이 박박사한테 값을 올려야 한다고 했었나 보다. 우리 셋이 같이 있을 때 서로 협의했으면 어떤 결과가 있었을지 모르겠지만 박박사는 그 결정을 혼자 처리했다. 제자가 그렇게 신신당부한 말을 놓쳤는가 보다. 그 때 우리는 각자의 생각으로 행동하고 있었다. 약재를 구경하는 사람, 약재 처리과정을 지켜보는 사람, 약재 관리자와 얘기하는 사람……. 우리 셋이서 같이 모이지 않고 있었다.

3시간도 넘게 긴 시간을 약재 처리하는데 할애했고 우리는 약재건조를 안내인에게 맡기고 돌아 올 예정이었는데, 돌연 안내인이 예정에도 없는 행동으로 우리랑 같이 하노이 제자 집으로 간다는 것이다. 의아한 생각이 들었는데 지금 생각해 보니까 자기가 값을 올려서 제대로 돈을 받을 수 없다는 위기감이 있었을 것이다. 예정에 없는 안내인이 합석하게 되면서 제자는 갑자기 바빠졌고 주방에서 계속 식사 준비만 하고 있는 와 중에 안내인이 박박사한테 돈을 달라고 한 듯싶다. 우리도 돈을 건네는 것은 몰랐었고 나중에 박박사한테 들어서 알게 됐다. 안내인의 목적은 오로지 그것뿐이었으니까. 원래 제자가 배석한 상태에서 값을 치루기로 했던 우리의 생각은 저 멀리 가 버렸고 어리바리 안내인이 떠난 후 차를 마시면서 값을 치룬 얘기를 하니까 제자가 아연실색했다. 이국에서는 한국 사람들을 더 조심해야 한다면서……. 사실 추가금액은 베트남에서 적은 금액이 아니었다. 그리고 무엇보다도 중요한 건 돈이나 약재나 우리의 관할에서 떠났다는 것이다. 우리는 안내인에게 권리를 모두 잃은 상태가 되었다는 자괴감으로 서로에 대한 신뢰가 무너지는 말할 수 없는 경험을 하게 되었으며 박박사는 자기 때문에 발생한 일이라는 것으로 더욱 소심한 상태가 되었다.

그렇게 벌어진 일은 서로 이해하면서 수습하게 되었지만 우리는 그 이후에도 각자의 생각으로 행동하기를 주저하지 않았다.

안내인이 약재를 건조하는데 2일 쯤 걸릴 것으로 예상한 우리일행은 이제 홀가분한 마음으로 근처 여행이나 하자면서 협의를 하게 되었다. 이박사가 제시한 여행지를 만장일치로 통과시킨 일행은 술도 마시면서 즐거운 시간을 보냈다. 여행 출발 때 제자가 와서 택시로 가라고 했다. 그러나 이박사가 버스로 갈 수 있다면서 자신감을 보였다. 제자가 재차 권고하며 경비가 조금 더 소비되더라도 택시로 다녀오라고 했지만 이박사는 완강한 태도로 단호하게 버스 여행할 수 있다고 했고 우리는 이박사를 믿었다. 제자가 택시를 불러서 버스터미널로의 안내를 당부했고 우리는 얼마 되지 않아 버스터미널에 당도했는데 우리가 택시에서 내리기도 전에 젊은 청년들이 우르르 몰려들더니 전혀 알아들을 수 없는 말로 지껄여 대는 것이었다. 나도 당황했다. 겨우 뿌리치고 터미널 안으로 들어와서 여행지로 가는 버스를 물어 보려니까 이박사가 여긴 아니라고 한다. 제자가 똑바로 분명히 알려줬을 텐데? 하는 내 생각에 지배받는 나는 여기가 옳다면서 응수를 했고, 이박사는 심한 말로 대응했다. 나중에 알게 된 일이지만 제자도 버스터미널을 이용한 적은 없었고 하노이가 우리나라 웬만한 시 보다도 큰 도시였는데 그걸 간과했었다.

이박사와 언쟁을 한 후 나는 '한번 알아서 해 봐라.'는 식으로 잠자코 있었고 이박사가 제복을 입은 사람들에게 물어 보더니 바로 옆에 여행지로 가는 버스터미널이 따로 있으니까 걸어가자고 했다. 아마도 그 사람들이 걸어가도 되는 근방이라고 말했나 보다. 우리가 무더운 오후 시간에 한참을 걸었는데도 근처에 터미널 같은 건물은 보이지 않았다. 나이도 있고 잠도 설친 상태에서 피곤한 우리는 먼저 누구랄 것도 없이 택시가 오니까 생각도 하지 않고 그냥 승차했다. 멀어 봐야 10분이면 되겠지……. 하는 생각으로.

이박사가 앞에 타서 운전사한테 말을 건네고 버스터미널 사진도 보여 주면서 가자니까 운전사가 알아들었다는 듯 고개를 끄덕였다. 우리는 내심 기대를 했는데 택시가 고속도로에 진입하더니 30여분을 가는 것을 보고 다시 또 이박사가 사진을 보여 주니까 운전사는 또 끄덕이고는 이상한 시골길로 빠져서 또 30여분을 가는 도중에 비가 세차게 내리기 시작했다. 제지한테 전화해서 물어 본다고 하니까 계속 그럴 필요 없다고 우기던 이박사가 제자한테 전화 해 보라고 하기에 운전사와 제자가 통화하게 해서 결국은 다시 하노이 호텔로 돌아오게 되었다.

약재 구할 때 약재 처리에 대해 내 의견을 말했을 때 박박사가 내게 완고한 행동을 하기에 그만 생각을 접었고, 이박사와 버스터미널에서 의견 대립될 때 이박사의 행동으로 보고 생각을 접은 나는 적당한 무관심으로 일관하면서 위험한 상황이 전개 되지 않았으면 하는 바람과 여행에 대한 지루함이 발생하기 시작했다. 이심은 전심인 거다. 내가 그랬다면 다른 일행도 그랬을 것이다.

버스여행에 실패한 이박사는 혼자 자괴감으로 쓸쓸했나 보다. 그 날 나도 기분이 좋지 않기도 하고 제자하고 둘이서 이런저런 얘기도 할 겸 외출한다고 하고 즐거운 대화를 하고 있는데, 제자가 박박사한테서 전화가 왔다고 한다. 이상해서 내 폰을 보니까 카톡으로 앞 선 시각에 여러 차례 연락을 했는데 내가 확인을 못했었다. 부랴부랴 대화를 마치고 호텔로 와 보니까 박박사 혼자 멍하니 앉아 있었다.

박박사 말에 의하면 이박사가 화를 내면서 짐을 모두 챙겨 먼저 귀국한다고 나갔다는 것이다. 박박사가 만류해도 문을 박차고 나갔다는 얘기를 듣고 나 역시 믿어지지 않았다. 이박사한테 전화를 몇 번했는데 받지 않아서 카톡으로 문자를 남겨 놓았지만 걱정이 앞섰다. 한편으로는 이박사가 혼자서 귀국할 사람이 아니라고 박박사한테 말했지만 박박사는 분명히 갔을 거라는 확신을 버리지 않았다.

다음 날 아침은 피곤했다. 나와 박박사는 거의 새벽까지 잠도 못자고 이런저런 얘기와 걱정으로 시간을 보냈기 때문이다. 아침에 제자한테 전화가 왔다. 이박사가 자니까 걱정하지 말라는 내용이었는데, 잠결에 들어서 자니까 인지, 가니까 인지가 구분이 잘 안

되는 판에 이박사가 멀쩡히 호텔 문으로 들어서는 것이었다. 나는 어느 정도 예상을 하고 있었지만 박박사는 아연실색하더니 그 때부터 둘은 말을 섞지 않게 되었다.

박박사가 약재건조에 대해 여러 차례 걱정을 했다. 기실 약재건조는 하루면 처리될 수 있는 거라고 생각했는데 벌써 3일을 지나치고 있으니 박박사의 심경도 이해가 된다. 결국 제자가 중간에서 어려운 짐을 짊어지게 되었고 우리는 약재를 거의 포기할 지경에 왔다. 그 안내인은 제자와 특별히 가까운 사이도 아니고 이번에 약재 일로 알게 된 사이라고 제자가 얘기했었다. 그 즈음 베트남 사람들의 습성에 대해 우리는 부정적인 시각을 갖게 되었으며 일정을 앞당기자고 박박사가 적극적으로 나섰다.

약재는 몇 번의 독촉 끝에 만4일 후에 우리에게 넘겨지게 되었다. 우리는 안도의 숨을 쉬면서 서로 말은 하지 않았지만 같은 실수를 하지 말아야겠다는 다짐을 스스로에게 각자가 했을 것이다.

결국 우리는 여행일정을 2번이나 변경하면서 서둘러 귀국 길에 올랐다. 제자는 갑작스런 일정변경에 대해 아쉬워했을 것이고 의아해 할 것이다.

아집으로 세워진 삼인행에서는 필유발사의 상황이 된다는 것을 깊이 체득했다. 나 역시 이번 여행에서 아집으로 세워진 사람이라는 것으로부터 자유로울 수 없다.

여행은 여행지를 구경하고 유적지나 유물을 감상하는 것에 국한 된 게 아니라 오히려 더 심도 깊은 촛점은 바로 사람인 것이다. 여행을 통해서 가까워지는 사이는 그래서 소중한 인연이다.

그 관계가 가족이든 친구든 모르는 사이였든.

오키나와

위대한 민족의 조상을 찾아서.
존경하는 조상의 발자취를 품는다.

오래 전부터 오키나와에 대한 관심을 놓을 수 없었다. 내 가슴 깊은 곳으로부터 타오르고 있었던 사랑과 존경의 에너지는 그토록 꺼지지 않는 열화였던 것이었었다.

징키즈칸의 무자비한 침략에 저항하던 고려는 끝내 무너지지 않고 오히려 몽고는 역사에서 사라져 지금의 초라한 몽골로 남겨지게 된 건 우리 조상이 갖고 있었던 역사에 대한 순결의 결과인 것이다.

바쁘게 지내던 큰 자식이 오랜만에 여행을 가고 싶다기에 서슴없이 거론한 오키나와였다. 그로부터 큰 자식은 틈틈이 오키나와에 대한 여행일정을 잡고 자료를 수집했을 것이다. 나는 먼발치에서 관심 없는 듯 지켜보기만 했다.

인천공항에서 13시30분에 이륙하는 제주항공기를 탑승하기 위해 6시10분에 집을 나섰다. 큰 자식이 칼라프린터로 곱게 인쇄한 오키나와 여행 정보를 읽겠다는 생각으로 탁자에 놓았다가 콜택시가 출발하기 직전에 챙기지 못한 게 떠올라 허둥지둥 다시 거실로 가서 겨우 갖고 왔다. 여행이란 출발 때부터 귀가 때까지 여러 일들이 예기치 않게 발생된다. 쓰여 진 각본대로 실행되지 않는 것이기에 그런 거다.

때때로 사람들은 인생을 여행이라고 표현하는 것도 그런 이유에서 일거다. 그러면서도 삶 속에서 예기치 않은 일들이 생기면 마치 각본에는 없는 일들이 자기 자신에게만 발생하는 것처럼 당혹해하기도 하고 불평과 불만으로 일관하기도 하는 것을 보면 참으로 아이러니칼 하다.

말과 표현은 하지 않았지만 나와 아내 그리고 큰 자식도 역시 예기치 않은 일이 벌어진 그 순간에는 각자가 이해와 불평이 뒤섞이는 정전기 스파크를 경험했을 것이다. 그런 일을 뒤로하고 공항으로 향하는 리무진 버스에 탑승했다.

2시간 정도 비행 후 처음 밟게 되는 오키나와의 '나

하’ 공항은 그처럼 내게 또다른 설레임을 갖게 했다.

예약된 호텔로 가기 위해 택시를 탔는데, 일본의 택시 운전사는 대부분 나이가 든 사람들이다. 일본어에 익숙하지 않은 큰 자식이 스마트폰 내비게이션으로 열심히 설명했지만 결국에는 나이 든 운전기사의 생각대로 도착하게 된 호텔에서 짐을 풀고 근처의 국제거리로 나섰다.
이번 여행이 큰 자식에게는 초행길이다. 큰 자식의 적지 않은 호기심을 잘 알고 있기에 그저 큰 자식의 뒤만 따르는 재미를 누리기로 했다.

이것저것 여기저기 어미와 함께 쏠쏠한 즐거움을 나누는 두 사람을 두고 내일 렌트가 운전을 담당해야 하는 나는 호텔에 먼저 가서 쉬었다.

새벽까지 모녀가 즐거웠던 듯싶다.

 두 번째 날 아침은 기쁨으로 시작했다. 어제 점심인지 저녁인지도 모르게 대충 끼니를 때웠던 나는 호텔에 혼자 있으면서 집에선 거들 떠 보지도 않았던 컵라면을 2개씩이나 국물도 남기 없이 싹   어 먹었었다. 사실, 작년에 작은 자식과 북해도 여행 때 힘겹게 먹었던 일본제 라면이 생각나서 국물 없는 식사를 어리바리 먹었던 때문이었다.

그런데 호텔 조식에서 어제의 배고픔을 말끔히 정리했기에 얼마나 흐뭇 했는지 모른다. 인간의 나약함과 볼품없음은 구태여 열거할 필요가 없다.

예약된 렌트카를 수령하기 위해 나섰는데 또 예기치 않은 일이 발생됐다. 사무실과 렌트카 수령하는 곳이 멀찍이 떨어져 있었던 것이었다. 우리는 우리 방식대로 생각하는 것이고 일본은 일본 방식대로 처리하는 게 당연하다. 그걸 문화적 차이라는 건대, 그런 문화적 차이에서 갈등이 생기는 거다. 갈등이 이해의 폭을 넘어서면 다툼이 일어나고 다툼이 심해지면 더욱 심각한 일로 치닫게 된다. 살아 온 과정이 다른 개인의 문화적 차이도 역시 그렇다. 거기에다가 남과 여의 생체적 차이가 포개지면 이건 거의 수소폭탄 상황이다. 그 상황이 결혼생활인 것이다. 그래서 부부들은 끊임없이 갈등으로 시작한다. 그 갈등이 서로 이해의 폭 안에서 적당한 다툼으로 마무리 짓고 사는 게 현명한 결혼생활인 거다.

여하튼, 적당히 헤매다가 렌트카를 받았는데 일본차는 핸들이 우리랑 달리 오른 쪽에 있다. 오른 쪽 차량을 처음 운전하게 된 나를 공연히 믿지 못하게 된 두 사람은 역시 그 순간에 각자의 생각과 아집을 놓지 못하고 오히려 더욱 굳건히 붙들고 있는 현상이 벌어진 거다. 이게 인간이다.

차는 한 방향으로 가야 하는데, 셋은 세 가지 생각으로 말한다. 결국, 1분도 되지 않아서 길 가에 멈추게 됐다. 그 순간의 정전기는 꽤 증폭됐기에 충분했다. 정전기로 사람이 죽기도 하는 건 물리적으로도 얼마든지 가능한 사실을 우리는 자주 느끼곤 한다.

우회전과 좌회전이 헛갈리는 상황에 조금 적응된 나는 어설프지만 목적지를 향했다. 처음 목적지로 설정한 '아메리칸 빌리지'는 미군이 주둔한 곳을 관광지로 만든 곳이라서 온통 아메리칸 스타일이다. 해변도 멋있고 좋게 꾸며놓았다.

두 번째 목적지는 제주도 해변과 엇비슷한 곳이었는데, 바닷물 색깔이 특이했고 보기 좋았다. 해변 산책을 하고 오늘 기거할 숙소에 왔는데 다다미 식이었다. 큰 자식이 숙소를 예약할 때 주말과 휴일이 겹쳐져서 방이 별로 없었다고 했지만 꽤 운치 있는 곳이었다. 큰 자식이 여러모로 고민한 흔적을 알 수 있었다.

짐을 풀고 다음 목적지는 내가 심중에 그리워했던 왕궁 터였다. 초저녁의 느긋한 햇살을 받는 왕궁 터는 개화된 흐드러진 붉은 벚꽃을 품고 있었다. 올 해 들어서 처음 대하는 벚꽃이 감개무량했다. 즐거움에 한껏 빠져든 모녀를 뒤로하고 숨을 깊이 들이켰다.

그 옛날 조국을 그리워하며 재건을 꿈꿨던, 그리고 지금 이루신 고려의 삼별초.

위대한 사람이 있어 국가를 지킨 역사는 많지만 줄곧 위대한 국민이 있어 국가를 지켜낸 나라는 우리밖에 없다. 우리나라에 노벨상을 수상한 사상가나 철학자가 없다고 생각하는 사람이 간혹 있을 수 있다. 그렇다. 우리는 모든 국민이 노벨상을 수상해야 하는 기네스북 초유의 국민들이다. 먼 과거로부터 지금까지 절망을 이겨낸 국민들이기 때문이다. 일제강점기 때의 저항이 한때의 저항이 아닌 것이다.

오키나와는 우리 땅이다. 고려시대 때 우리가 오키나와 원주민에게 지식과 삶의 방식 그리고 철학을 일깨워 준 이들의 조상이기 때문이다. 우리는 이들에게 폭정하지 않았으며 학대하지 않았을 뿐만 아니라 상생하고 더불어 번영해서 오늘 날의 오키나와를 지켜낸 거다.

왕궁 터에서 멀리 동해를 바라보았다. 나는 그때의 삼별초가 되었던 거다. 그들의 슬픔과 희망을 심중에 담고 왕궁을 거닐어 보니 어느 덧 해가 뉘엿뉘엿 지고 어스름 때가 되었다. 벚꽃에 한껏 매료된 모녀는 사진 찍기에 바빴고, 우리는 다시 다다미 숙소로 돌아오는 길에 먹을거리를 충분히 구입해서 저녁 만찬을 즐겼다. 일본식 라면과 우리식 라면을 비롯해서 배부르게 먹었다. 그러면서 내년에는 작은 자식하고 두 사위들과 같이 올 계획에 착수했다. 밤늦게까지 사진을 보면서 즐거워하는 모녀를 보니 내심 행복했다.

세 번째 날엔 새벽 4시에 일어났다. 곤히 자고 있는 모녀를 깨울까, 조심조심하면서 밖으로 나갔다. 기탄없이 들려오는 파도 소리가 삼별초의 기상을 말해 주는 듯하다.

오키나와의 새벽

물러섬 없는 장수의 숨소리가
파도 되어 환생한다.

순결함으로 무장한 고려 여인의
숨소리가 바람 되어 떠돈다.

나라를 지키려는 초심의
기상이 오키나와 나뭇잎을 흔들어 댄다.

파도소리, 바람소리, 나뭇잎 소리가
삼중주 되어 내 심중에 박힌다.

그 때나 지금이나 매 일반.

나라를 지키려는 국민은 사그러 들지 않고 버젓이 불켜고 있다.

위대한 국민은 원대한 조상의
DNA를 뼛속 깊이 간직할 수밖에 없는 것.

우리가 가는 길이 어찌할지라도
그때 그랬던 것처럼

우리는 간다.

손에 손 잡고??

세 번째 날의 아침 식사도 즐거웠다. 베이컨을 폭풍 흡입하면서 빵과 채소를 곁들여서 신나게 먹었다. 역시, 나는 여행이 체질이다. 드디어 이번 여행에 가속이 붙는 것만 같다. 다만, 아쉬운 건 내일이 여행의 막밤이라는 거다. 여행할 만하니까 마치게 됐다 ·

또 짐을 챙겼다. 매일 짐을 꾸려서 이동하는 것도 좋은 경험이다. 렌트카가 있으니까 별로 불편함도 없고, 하루하루가 새로움처럼 다가오는 느낌이다. 물론, 큰 자식이 예약할 때는 숙소 상황이 좋지 않아서 이런 일이 발생했지만 오히려 더 좋은 일이라고 생각한다.

인생의 여정 속에서 순간마다 뭔가를 배우고 체득하려는 생각과 행동은 매우 중요하다고 본다. 그런 걸 긍정적 사고방식이라고 표현하기도 하지만 어쨌든 불평과 불만은 배우는 기쁨과 즐거움을 모르기 때문에 발생하는 또 다른 아집이다. 공자가 논어에서 피력한 '학이시습지 불역열호아' 는 나이가 들어갈수록 더욱 깊이 새겨야할 말이다.

오른 쪽 운전에 어느 정도 익숙하게 된 나는 일본의 도로 상황을 살피게 되었다. 실용적인 도로 설계와 정확한 감리가 적용된 좋은 도로라고 본다. 운전자마다 크락션을 거의 사용하지 않는 것도 배워야 할 습관이다. 우리나라가 심각하게 고민하는 난폭운전도 찾아보지 못했다. 배려하는 운전이 대부분이었고 나도 역시 배려하는 안전 운전을 생각하게 되었다.

한 시간 정도 운전해서 오래된 마을을 구경했다. 우리나라로 말할 것 같으면 '낙안읍성' 과 비슷하다. 대부분 물건 파는 가게로 즐비한 곳을 구경하는데 비가 내리기 시작했다. 오키나와에서 맞는 비도 운치 있었다. 빗소리도 좋고 마음도 여유 있었다.

다음 목적지인 바닷가 끝을 향했다. 오키나와에서는

동서남북 어느 쪽이나 끝이 바닷가지만, 우리가 찾은 곳은 삼별초의 장수가 동쪽의 고려를 향해 기상을 펼치는 모습의 석상이 있는 곳이었다. 돌 성으로 둘러쌓인 곳이었는데 마치 대서양의 시작이자 끝인 포르투갈의 그 곳 모습이 떠올랐다. 머리를 땋아 상투처럼 꼰 후 비녀를 질러 놓은 모습은 고려의 풍습과 같았다. 나는 폼 나는 장수의 모습에서 슬픔과 아쉬움은 발견하지 못했고 오히려 불굴의 투지를 보았다. 사진을 여러 번 찍고 그 입상과 눈빛을 교환했다. 내 마음 속에서는 나도 모르는 사이에 생각이 오간다.
'내 너를 자주 보리라.'

비바람이 적당히 몰아치는 바닷가에서 사진을 열심히 찍고 성벽까지 다녀오니까 시간이 훌쩍 지나간다.

오늘 숙소는 '게스트하우스' 라고 한다. 사실, 게스트하우스는 말과 정보로만 듣고 알았을 뿐 이번에 다녀간다면 그거 역시 좋은 경험이 될 거다. 게스트하우스로 가는 길에 아직 잘 알려지지 않은 세계유산 등록지가 있다고 해서 가 보니 잘 보존되고 있었다. 조용한 산책길을 걸으면서 한창 정돈 중인 곳을 나섰다.

약간 피곤했지만 게스트하우스의 모습을 상상하면서 후미진 시장 속을 헤집고 들어가서 숙소를 찾았다. 시장골목을 지나면서 지금은 거의 없어진 옛날 여인숙이 떠올랐다. 근처 주차장의 계산대를 보니까 이건 장난이 아니었다. 이런저런 생각을 하고 있는데 주인이 나왔다. 머리칼이 복잡하게 얽히고설켜 단정하지 못한 옷매무새가 그 쪽으로 잘 어우러진다. 그러나 그건 내 아집이었을 뿐 매우 친절해서 하룻밤에 6,000원하는 주차장도 안내해 주고 근처 상황도 알려 줬는데 국제거리 한 켠에 있는 게스트하우스였다.

비좁은 2층 침대가 놓인 방에서 짐을 풀고 공용 샤워실과 화장실을 확인하고 구경 길을 나섰다. 국제거리와 시장을 둘러보면서 큰 자식이 먹고 싶어 하는 스테이크가 유명한 음식점을 찾아 나섰지만 예약으로 마감돼서 결국은 스테이크 전문점이 아닌 곳에서 저녁 식사를 했다. 식사 후 몸이 성치 않은 아내가 약 파는 곳에 관심이 많기 때문에 쇼핑을 하고 숙소로 돌아왔다.

네 번째 날은 잠을 의외로 잘 잤다. 남아있는 일정도 없고 공항으로 좋게 가기만 하면 되니까 그랬는가 보다. 하긴, 사람이 숙면을 취하지 못하는 큰 원인 중의 하나가 걱정과 염려일 거다. 아침에 짐을 꾸려서 14시까지 렌트카를 반납하고 출국하면 된다.

이번 여행에서도 즐거움은 놓쳐지지 않았다. 새로이 만나는 사람은 없었지만 오키나와의 멋진 정경과 바다 빛깔이 지금도 아른 거릴 정도다. 그러면서도 다시 또 오고 싶은 여행지가 됐다.

이곳저곳 여행지를 선별해 준 큰 자식에게 감사하고 별일 없이 건강하게 지낸 아내와 한국에서 열심히 근무하고 있는 두 사위 그리고 작은 자식에게도 모두 고마움을 전하며 언제나 틈을 만들어서 여행을 적극 권하고 싶다.

퇴직, 그 장막을 걷으며

퇴직한 지 불과 몇 달 밖에 지나지 않은 내가 퇴직에 대한 글을 쓴다는 게 두렵고 무서운 일이기도 하다. 그러나 퇴직을 염두에 두거나 결국은 퇴직을 받아들일 수밖에 없는 직장 동료들께 먼저 퇴직한 자로서 펜을 들지 않을 수 없었다.

나는 군 경력을 포함해서 만 33년간 특정직인 교육공무원에 근무했다. 그 중 32년 6개월을 교직에 근무하는 동안 불평등한 인사 조치로 인한 시골의 벽지근무도 했고 기능특기생을 지도하면서 주말과 휴일은 물론이고 방학 때도 밤늦은 시각까지 근무하기도 했으며 도교육청에서 퇴근 후 새벽까지 특별한 보상 없이 교육발전을 위해 팀장을 맡아 일을 하며 한편으로는 승진을 위해 각고의 노력을 하기도 하는 등 보통의 평범한 교직 생활보다는 다양한 경험을 했다.

생각 해 보면 그 순간은 너무 힘들고 어려운 때이기

도 했지만 지금 돌이켜 볼 때, 모두가 즐거움으로 귀착하게 되었다. 그것은 내 주변에 나보다 훨씬 능력 있고 부지런한 동료들의 염려와 보살핌이 있었고 별일없이 명예퇴직을 하게 된 것도 역시 동료들의 나에 대한 배려의 결과다.

내가 명예퇴직을 작심한 건 승진에 대한 노력을 10년 간 했으나 우여곡절로 매듭이 지어지지 않았고 처음 교직에 들어 선 이유가 없어져 버리면서 스스로의 갈등이 증폭된 까닭이다.

기실, 어느 직장이든 승진을 염두에 두는 사람은 처음부터 그 길을 생각하고 자기관리를 철저히 하면서 오랜 세월 집념의 결과로 그것을 얻게 되는 게 순리일 것이다. 그러나 나는 처음부터 승진을 염두에 두지 않았었고 도교육청에서 팀장을 하던 중 우연히 그 길에 들어서게 되었으며 그 험난한 여정을 경험하게 되었던 것뿐이다.

학창시절, 특히 고등학교 때는 배우는 것에 대한 회의가 상당히 심했었다. 어릴 때부터 독서를 무지기도 좋아했던 터라 다양한 분야의 책을 읽었던 내게 진실을 말해 주시는 선생님이 계시지 않은 것에 대한 분노가 가슴을 적시기에 충분했다. 그때는 박정희 정권의 유신시대라 그랬을지도 모르지만 어린 나에게는 가르치는 사람에 대한 불신이 결국은 배움에 대한 회의로 이어지게 되었고, 그로 인하여 고교시절 내내 어떻게 살아가는 게 가치 있는 삶인가? 하는 명제로 고민하게 되었으며, 그것은 진실을 말하고 가르치는 선생이 됨으로써 어린 학생들이 올바른 생각을 지니도록 하는 게 참으로 가치 있는 일이라는 생각으로 귀착되어 처음 교직에 발을 들여 놓게 되었는데, 지금의 현실은 내가 추구하던 그 가치가 여러 상황의 변화로 희석되었기에 명예퇴직을 작심하게 되었다.

강태공은 수십 년 동안 세월을 낚았다. 바늘이 없는 낚싯대로 그렇게 때를 기다렸고, 제갈공명이나 공자 역시 오랜 세월을 방황했었다. 누구나 그렇게 때를 기다리면서 준비를 하는 게 순리이고 또한 그런 노력의 결과로 자기의 인생을 스스로가 주관하는 삶을 살게 되는 거다. 요즘 '달인' 이라는 텔레비전 프로그램도 있다. 보통은 어떤 일에 십년을 매진하면 그런 경지에 오르는 게 일반적이다.

근무하는 동안 퇴직 이후에 대해 아무런 준비를 하지 않는 건 무지한 일이며 그 무지는 어두운 터널에 진입하는 시초일 것이다.

비슷한 때에 퇴직한 사람들과 모임을 가지기도 했고 이미 퇴직한 사람들과도 모임이 있기는 하다. 그런데 거의 대부분 퇴직에 대한 스스로의 준비가 되어있지 않은 듯싶다. 특별한 취미도 없이 삼삼오오 모여서 허송세월로 보내는 모습이 많다. 마음에 맞는 사람들인가 싶더니 그 동안 쌓여진 아집으로 또 다른 갈등이 보여 지기도 한다.

어떤 사람은 퇴직 후의 삶에 대해 여러 가지를 준비하기도 한다. 물리적 측면의 준비를 위해 저축을 하고 증권투자도 배우고 요리도 배우는 등 각고의 노력을 하기도 한다. 또 다른 측면에선 등산이나 여행을 계획하기도 한다. 그러나 나이 들어선 재물이 많다는 게 좋은 것만은 아니다. 오히려 여생이 괴로울 수 있고 여행도 다니다 보면 거기가 거기다.

내가 퇴직한 첫째 이유는 여유로운 시간을 갖고 보다 폭넓은 인생을 살고 싶은 것이었고, 둘째는 가족들과 더 많은 시간을 함께 하는 것이었으며, 셋째는 어느 것에도 누구에게도 간섭을 받지 않는 자유인으로 인생의 주관자가 되고자 함이었다. 그래서 오래전부터 제자들에게 친구 같은 선생이 되는데 주저하지 않았다. 제자들은 이제 지천명을 바라보는 나이가 되어 직업도 너무나 다양하게 되었다. 제자들을 스스럼없이 만날 수 있는 게 얼마나 큰 재산인지 모른다. 그런 만남을 글로 쓰게 되었고 그 결과로 시인이자 수필가가 되었으며 그 힘은 나아가 언론계에 봉사할 수 있는 기회도 주어졌다. 그러면서 이어진 독서로 혼자 살아갈 수 있는 것과 죽음을 받아들일 수 있는 지혜의 에너지를 얻었다. 건강을 잃으면 모든 것을 잃는다는 말이 있지만 사실은 건강을 잃는 것보다 더욱 치명적인 건 친구가 없다는 것이다. 재물이나 건강 그리고 여유로움은 친구가 존재할 때 필요한 수단 일 뿐이다. 교직생활에서 우리에겐 친구를 사귈 수 있는 천혜의 조건이 있다. 그건 지혜로운 자의 전유물일 것이다.

퇴직은 누구에게나 오는 일이며 그것을 누릴 줄 아는 자가 성공한 사람일 것이다. 퇴직 준비는 스스로가 스스로에게 하는 것이며 그 정점은 혼자 살아갈 수 있는 것 - 혼자의 시간을 두려워하지 않고 즐길 수 있는 정서적 안정의 힘- 과 죽음을 받아들일 수 있는 지혜의 에너지를 터득하는 것이다.

퇴직, 그 장막을 걷은 지 얼마 지나지 않았지만 그냥 좋다. 그 어떤 두려움도 없다. 아무 때나 거칠 것이 없다. 사막에 가서 하염없이 모래 바람을 맞는 것도, 장대 같은 빗줄기를 쳐다보는 것도, 편한 사람을 주저 없이 만나는 것도, 생각이 들 때 훌쩍 떠날 수 있는 그 자유로움……. 모두 좋다. 직장에 얽매여 편하지도 않은 사람과 아옹다옹할 필요도 없고 갑론을박할 하등의 이유도 없다.

퇴직, 그 장막을 걷고 나니 세상은 넓고 볼 것도 많다.

어떤 삶이 어리석은가

방송이 흘러나오는 것이 들립니다. " 어제 000가 K2를 등반하다가 호흡 곤란과 눈보라에 길을 잃고 결국은 실족하여 영영 돌아오지 못할 곳으로 갔습니다. 아마도 그의 시신은 찾을 수 없을 것입니다. 유족들이 오열하고 있는......" , 아나운서의 목소리가 계속 나옵니다. "다음 소식을 말씀드리겠습니다. 친구들과 같이 북한산으로 암벽 등반하러간 000가 발을 헛디뎌 30미터 아래로 추락하여 목이 부러져 숨졌습니다. 취미로 암벽 등반을 시작한......" , 그러다가 신문을 보니 기사가 눈에 확 들어오는 것이 있습니다. "...... 한탄강에서 보트 급류타기를 즐기다가 보트가 뒤집혀 바위에 부딪는 사고로 그만 일행 중 000가 사망한 사고가 발생하여......"

방송을 들으면서 혼자 생각하기도 합니다. " ...... 어리석은 사람들, 산은 왜 올라가? 그런 위험을 왜 자초하나? 그냥 집에서 가만히 있었으면 좋았을 텐데……" 그리고 신문을 보면서 또 그런 생각이 들곤 합니다. "으이, 어리석은 사람, 급류타기는 왜 해? 돈 내고 죽나? 그럴 돈이 있었으면 게임 방에서 맛있는 것 사 먹으면서 재미있는 게임이나 하지, 어-리-석-은 사람들!……"

이처럼 우리들 주변에서는 지금도 해괴하고도 이상한 사건, 사고가 말할 수 없이 많이 발생되고 있습니다. 그럴 때마다 결과를 두고 다들 어리석다는 생각이 불연 듯 드는 이유는 뭘까요? 그리고 참으로 어리석은 것은 무엇입니까?

우리 모두 각자의 인생은 연습이 아닙니다. 각 개인에게 주어진 - 또는 부여된 - 최대의 시간이며, 반드시 필요한 최소의 시간인 것입니다. 그렇기 때문에 그 시간은 결코 연습할 시간이 없습니다. 언제나 실전인 것입니다.

하루살이라는 곤충이 있다는 것은 대개 알고 있는 사실입니다. 또 어떤 나무의 나이는 수백 년이 지나고 있다는 얘기도 들은 때가 있을 것입니다. 하루살이는 하루만 살기 때문에 어영부영 사는 것 봤습니까? 나무는 수백 년을 사니까 지금 허송세월을 살고 있습니까? 그렇지 않습니다. 우리가 알다시피 자연에 존재하는 모든 생명체는 순간순간에 최선을 다 하고 있습니다. 또한 그들의 삶은 언제나 도전적입니다. 도전을 받고 도전하는 삶이기에 살아있는 것입니다. 그래서 최선을 다하지 않으면 그 순간에 그들의 삶은 없어지는 것입니다. 이런 사실을 구태여 길게 설명하지 않아도 그들은 본능으로 알고 태어납니다.

우리는 어떻습니까? 우리는 자연의 일부가 아닙니까? 우리의 태어남이 어떤지 알고 있지 않습니까? 수학적으로 불가능한 일이 바로 우리의 태어남입니다. 3억 대의 경쟁으로 태어난 것이 우리 각 개인 입니다. 태평양 건너 땅의 풀씨가 멀리 멀리 날려 다른 대륙에서 돋아나는 일이 신기합니까? 그런 일보다도 우리의 태어남이 더욱 어려운 일인 것입니다. 어떻게 태어난 인생입니까? 깊이 생각해 봅시다!

일반적으로 사람의 일생이 70년 내지는 80년이 된다고 해서 지금 대충 대충 살아도 되는 것은 아니지 않습니까? 우리 스스로의 인생은 스스로가 가꾸어 가는 것입니다. 그리고 각자의 삶은 각자에게 책임이 있는 것입니다. 또한 지금 이 순간이 최대이며 최소인 마지막 시간임을 참으로 깊이 인식하고 살아가야 할 것입니다. 그래야 우리는 비로소 살아있는 사람인 것입니다.

몇 개월 전 여름의 막바지에 있었던 태풍을 보았을

것입니다. 그 태풍에 쓰러진 나무들은 이미 죽어있었던 것이었습니다. 다만, 자연적 현상으로 우리가 확인한 것뿐입니다. 그런 사람이 돼서는 안 될 것입니다. 새벽에 이슬을 머금고 피어있는 풀잎을 본 적이 있지요? 서리를 맞으며 피어있는 풀잎도 본 적이 있을 것입니다. 얼마나 아름다운 모습입니까! 그 시린 밤을 견디어 낸 용기, 그 외로운 고통을 이겨낸 도전정신이 배어있는 아름다움이 나는 잊혀지지 않습니다. 태풍을 견딘 나무 - 기타 극한 상황을 이겨낸 자연적 생명 유기체을 포함하는 대표적 단어 임. - 는 그래서 아름답습니다. 우리 사람은 또 어떻습니까? 인생의 파란 만장한 굴곡을 헤쳐 나오고 있는 지금의 모습을 지니고 사는 것이 그 사람의 멋이자, 아름다움 아닙니까?

우리에게는 지금이 있습니다. 이 순간이 나를 아름답게 하는 것입니다. 무엇이 어리석은 것이며, 어떤 것이 과연 어리석은 것입니까? 도전하는 마음으로 죽어간 사람이 어리석은 것은 결코 아닐 것입니다. 산에서 죽든, 강에서 죽든, 또 다른 어느 곳에서 죽든 그것이 중요한 것은 아닙니다. 그 순간 그가 무엇을 향하고 있었느냐가 진정으로 중요한 것입니다.

사랑하는 학생 여러분! 우리는 이제 무기력한 사람의 모습에서 벗어나는 용기를 갖고 살아갑시다! 인생의 준비 기간인 학창 시절을 보다 알차고 견고하게 보냄으로써 더욱 깊이 뿌리 내리는 지혜를 각자 소유하는 현명한 사람이 되길 주저하지 맙시다. 여러분에게는 아직도 흰색 도화지가 있습니다. 그 곳에 무엇을 그리느냐에 따라서 각자의 그림이 그려지는 것입니다. 그리고 저는 여러분들이 지니고 있는 마음의 한 곳을 보고 있습니다. 그 곳에는 지금도 여러분들이 태어날 때와 동일한 용기와 승부 근성이 도사리고 있는 것을 알고 있습니다. 터지기만을 기다리고 있는 팽팽히 부풀어진 풍선처럼 도사린 지구 저 중심의 마그마와 같은 폭발력과 긴장을 머금고 있는 그 마음의 한 곳을 저는 주시하고 있습니다.

여러분들도 여러분 각자의 그 마음에 집중하며 살아주길 깊이 바랍니다. 그래서 10년 후 아니, 수십 년이 지난 후의 여러분 삶을 아름답게 그려 가시길 바랍니다. 그러한 여러분 각자의 삶은 결국 우리나라의 번영과 발전에 맞물려 가는 톱니바퀴처럼 모두에게 희망과 꿈을 갖게 할 것 입니다. 도전과 극복이 공존하는 여러분의 시간이 지금도 끊임없이 계속 되길 깊이 바라마지 않습니다. 그리하여 패기 있게 살아있는 여러분의 모습이 가득하길 바랍니다.